Z. 3.2.17.
+.

37580

MAXIMES
DE
BALTAZAR
GRACIEN,
TRADUITES
DE L'ESPAGNOL,

AVEC LES REPONSES
aux Critiques de l'Homme universel
& du Heros, traduites du même
Auteur.

A PARIS,

Chez ROLLIN fils, Quai des
Augustins, à S. Athanase.

M DCC XXX.

Avec Approbation & Privilege du Roy.

PREFACE.

L'Editeur de Gracien intitule ce troisiéme Ouvrage, dont j'offre au Public la traduction : *Oracle Manuel & Art de prudence, tiré des Maximes répandues dans les Oeuvres de Gracien.* M. Amelot de la Houssaye a rendu ce même titre de Don Lastanosa par celui de *l'Homme de Cour*. En verité il n'étoit point permis d'attribuer aux seuls gens de Cour l'usage d'un livre utile en général à tous ceux qui ont assez d'intelligence pour en profiter, de quelque con-

PRÉFACE.

dition qu'ils foient. D'ailleurs un Homme de Cour n'eſt pas en bon François un fort honnête-homme: & ceux qui ſçavent notre langue ne prétendent pas faire un éloge, quand ils diſent de quelqu'un: *C'eſt un homme de Cour.* " Un " homme de Cour eſt un hom- " me adroit, ſouple; mais " faux & artificieux; un hom- " me qui contraint ſon hu- " meur, qui dément ſes paſ- " ſions, qui agit & parle con- " tre ſes ſentimens : ainſi le définiſſent S. Evremont, le P. Bouhours, la Bruyere, &c. Or Gracien bien éloigné de ſervir le vice, n'a pour but que de porter à la vertu; mais à la vertu éclairée & pru-

PREFACE.

dente, qui ne ſoit point la duppe de l'impoſture, ni de la ſurpriſe. Mais quand par un abus de termes depuis long-tems établis, on confondroit l'homme de Cour avec un homme de la Cour, on ne le trouveroit pas dans le titre de Gracien, plutôt que l'homme de Guerre en particulier, ou l'homme de Robbe, ou l'homme d'Affaires, ou l'homme d'Egliſe, &c. Car la *Prudence* n'eſt-elle pas également neceſſaire dans ces divers Etats ?

Je ſuis d'accord avec M. Amelot pour ne pas intituler cet Ouvrage : Oracle Manuel & Art de prudence. Sans compter que ce titre n'eſt point

A iij

PREFACE.

conforme à notre maniere d'annoncer un livre, il est de la façon de Lastanosa, comme le sont ceux des Maximes mêmes : & c'est Gracien & non son Editeur que nous devons suivre; d'autant plus que celui-ci subtilise souvent dans ses Titres, lesquels alors répondent mal aux sujets que traite l'Auteur. Il est vrai que le travail de l'Editeur est loué par un Ecrivain Espagnol, qui le nomme : *Ingenioso Aliño de Don Vincencio Juan de Lastanosa*. Mais cet éloge ne change point la nature de la chose; & nous nous en tenons à l'esprit même de Gracien. Ce sont ici ses *Maximes* en général, ainsi que nous

PREFACE.

appellons *les Réflexions de la Rochefoucault*, *les Pensées de Pascal*, *les Caracteres de la Bruyere*, &c.

Mais pourquoi donner une nouvelle traduction de cet Ouvrage, vû que l'on r'imprime sans cesse *l'Homme de Cour*; que la plûpart sont accoutumez à s'en contenter, & qu'enfin la traduction d'Amelot n'est pas assez ancienne pour devoir être surannée? Je ne dissimule pas, comme on voit, les motifs qui pouvoient m'ôter jusqu'à la pensée de retraduire les Maximes. Cependant depuis plus de quinze ans que j'ai commencé d'étudier Gracien, j'ai lû tant de fois

PREFACE.

l'*Homme de Cour*, fans jamais le bien entendre; je l'ai tant de fois comparé avec l'Original, qu'il ne m'a pas paru impoffible de le rendre plus clair que n'a fait M. Amelot. Outre les obfcurités affreufes de mon prédeceffeur, j'ai trouvé dans lui des contre-fens étranges & des omiffions confiderables. En un mot, plus j'ai compris le caractere de mon Auteur par les lectures frequentes & meditées que j'en ai faites, & par les traductions que j'en ai données pour m'effayer fur celle-ci, moins je l'ai reconnu dans l'*Homme de Cour*. M. Amelot entreprenoit trop d'Ouvrages à la fois, & les travailloit

PREFACE.

trop peu pour bien réüssir à un Auteur tel qu'est Gracien, qui pense profondément; qui s'énonce d'une maniere mysterieuse & concise; qui demande en mille rencontres dans son Traducteur une expression unique, tantôt forte, tantôt délicate, tantôt figurée, tantôt naturelle; sans quoi l'on s'égare, on se contredit, & l'on embarasse un Lecteur qui cherche du sens où il n'y en a point, & qui prend enfin le parti d'entendre ce qui n'est pas intelligible.

Voici les sources des obscurités de *l'Homme de Cour*.

I°. Rendre mal les titres des Maximes, lorsque ces

PREFACE.

titres, quoyqu'ils soient de Lastanosa, représentent bien le sujet dont parle Gracien. Quelques exemples de ceci. (A) Avoir du sang aux ongles : *Tener brio à locuerdo* : Avoir de la fermeté à propos (A) ne point s'ouvrir & ne point se déclarer : *L levar sus cosas con suspension* : se conduire d'une maniere à tenir les esprits en suspens. (A) Sçavoir se modérer dans la bonne fortune : *Saberse dexar ganando con la fortuna* : Sçavoir se retirer sur ses avantages avec la fortune. (A) N'être point répréhensif : *No ser acriminador*. Ne trouver pas du crime où il n'y en a point. (A) L'homme d'Ostentation : *Hom-*

PREFACE.

bre de Oftentacion. L'homme qui fçait paroître. Gracien parle ici d'une bonne qualité & non point d'une mauvaife, telle que l'eft toûjours l'oftentation. Cette méprife répand fur la CCLXXVII. Maxime un galimathias complet; c'eftà-dire d'une grande page & demie, &c. II°. Omettre des mots qui font effentiels, des phrafes mêmes entieres. III°. Ufer d'expreffions que la plûpart des honnêtes gens dans le monde ne font point obligez d'entendre : *Tiercer, repaffion, réputation fubftantielle, competer, parler en fuperlatif, intenfion & extenfion, correfpondance fubftantielle, jouer de feconde intention, &c.* IV°. Ne

PREFACE.

donner qu'une même signification à un terme Espagnol qui en a plusieurs. La répugnance (dit A.) irrite le desir; & cela est faux : La résistance, dit Gracien, irrite le desir ; & cela est dans le vrai. Le mot *Repugnancia*, signifie & repugnance & résistance : Le sens de l'Auteur doit regler le Traducteur sur le choix de ces differentes significations. Une raillerie *excessive* est divertissante (dit A) & Gracien dit : Une raillerie que l'on sçait couvrir est bien reçûe. *Sobrar* a cette derniere signification dans le sens figuré; & dans le propre il signifie, surmonter, surpasser, exceder, &c. V°. Ajoûter au texte des

PREFACE.

métaphores triviales & hors d'œuvres; & bien loin d'adoucir celles qui s'y trouvent, & de les ramener à notre goût, faire un mélange confus du métaphorique & du naturel. VI°. Se servir de propositions générales qui deviennent fausses; parce qu'on n'y met pas un correctif. C'est là le défaut des Ecrivains étrangers; sur-tout des Allemands, des Anglois, des Espagnols; qui laissent au lecteur le soin de modifier ou de réduire leurs façons de parler trop étendues : Or ces façons ne plaisent pas aux esprits exacts, tels que sont les François. Au surplus ce n'est qu'à regret que je parle des fautes qui

PREFACE.

font dans *l'Homme de Cour*; (quoyque j'en indique seulement les sources) une certaine honnêteté me porteroit à garder sur cela le silence : Mais le Public veut & doit être instruit, quand on lui offre une traduction fort differente de celle qu'il lit depuis tant d'années. Cette difference en effet est presque du tout au tout, & je suis en état de la montrer dans son entier, telle que plusieurs gens de lettres souhaitoient que je l'imprimasse à la suite de chaque Maxime; afin que le texte de Gracien, dont je faisois une exacte Analyse, leur en devînt plus familier. Mais outre que cet *In-douze* se chan-

PREFACE.

geoit alors en un *In-quarto*, volume incommode, j'ai eu mes raisons particulieres, que les mêmes gens de lettres ont jugées honnêtes, pour sacrifier un travail qui m'avoit bien coûté. Voici entre mille (je ne dis rien de trop) voici entre mille, un exemple de la difference extréme des deux traductions de Gracien. Cet Auteur dit, Maxime CCLXXXI.
» L'approbation toute simple
» d'un homme extraordinaire
» a plus de poids que l'applau-
» dissement général des gens
» du commun : tous ces petits
» suffrages sont comme de
» trop legers alimens qui ne
» soutiennent point: *Porque re-*
» *gojos de aristas non alimentan.*

PREFACE.

M. Amelot traduit ainsi cette derniere phrase: Quand on a une arrête dans le gozier, le reniflement ne fait pas respirer. 1°. Comment cela se peut-il joindre & faire un sens avec sa phrase précedente: „ Un „ tiede oui d'un grand hom- „ me est plus à estimer que „ l'applaudissement de tout „ un peuple: Car quand on a „une arrête,&c. *Porque regojos, &c.* II°. *Aristas* signifie proprement des épies de bled, & souvent aussi des arrêtes; *Regojos* signifie toutes sortes de miettes. *Alimentar* signifie soutenir, nourrir, &c. dans ces mots, il n'y a ni gozier, ni reniflement. Rendons le texte à la lettre: *Porque*, Car, *regojos*

de

PREFACE.

de petites miettes, *de aristas*, d'épics de bled, *non alimentan* ne nourrissent point, ne soutiennent point. Or pour accommoder ce même texte à notre maniere, j'ai repris de la phrase précedente quelque chose du sens propre qui conduisît au sens figuré de la phrase suivante; & j'ai dit: *Tous ces petits suffrages* (de gens du commun) *sont comme de trop legers alimens qui ne soutiennent point.* Je soupçonne au reste, qu'au lieu de *regojos*, M. Am. aura lû, *regueldos*, qui signifie les rapports des viandes qu'on a dans l'estomac. Et dans cette supposition même, il ne se trouve pas un seul mot Espagnol, qui puisse occasionner

B

PREFACE.

cet aphorisme singulier du traducteur : *Quand on a une arrête dans le gozier, le reniflement ne fait pas respirer.*

Venons maintenant à Gracien. Toute l'Europe a toûjours reconnu en lui, malgré sa maniére d'écrire, un esprit superieur dans son genre : ce merite ne lui est disputé que par certains beaux esprits en France, qui trouvent même mauvais qu'on le traduise, & encore plus, que l'on ait ajoûté à la traduction de son *Heros* des *Remarques* copiées d'une vingtaine de nos meilleurs Ecrivains, dont plusieurs avoient lû avec profit l'auteur Espagnol. La Bruyere va répondre ici pour moi.

PREFACE.

» La prévention du païs, join-
» te à l'orgueil de la Nation,
» nous fait oublier que la rai-
» fon eſt de tous les climats,
» & que l'on penſe juſte par
» tout où il y a des hommes,
» &c. Le Laconiſme de Gracien
eſt extrême, il eſt vrai ; & je
ſouſcris à ce qu'a dit de lui un
de nos plus judicieux critiques du ſiecle paſſé. » Gracien
» a beaucoup d'élevation, de
» ſubtilité, de force & de bon
» ſens ; mais ſon ſtile eſt ſi
» coupé, ſi concis, ſi énigma-
» tique, qu'en pluſieurs en-
» droits, s'il s'entend lui-mê-
» me, du moins il ne ſe fait
» pas entendre ; & il faut le
deviner. Que conclure de ceci ? La neceſſité de le déve-

B ij

PREFACE.

lopper & de l'étendre; si l'on veut qu'il devienne intelligible: & avec ce secours l'attention du lecteur est encore assez occupée. Cependant depuis quatre ou cinq ans Gracien est très-clair & très-aisé, au jugement du nouvel Oedipe, qui en promit alors *une version litterale, où il esperoit bien de se faire entendre.* Promesse digne de l'Auteur des *Paradoxes.* En attendant qu'il s'acquitte de sa parole, faisons pour lui les avances sur la *version litterale* de quelques passages de Gracien qui me viennent les premiers à l'esprit: El qui late Rey; *Le carat Roy*: Cifrar la voluntad; *Chifrer la volonté*: Que el Heroe

PRÉFACE.

platique incomprehensibilidades de caudal ; *Que le Heros use d'incomprehensiblitez pour le fonds* : Consejo y fuerças, ojos y manos; *Conseil & forces, yeux & mains, &c.* Certainement une traduction de cette espece n'excederoit pas l'étendue du texte, & seroit par-là conforme à la régle de M. l'Abbé D. F. pour en reconnoître la *fidelité* & la *précision*. Cependant *le progrès du bon goût est-il interessé*, comme il s'exprime, à l'établissement de cette regle inconnue à tous nos Maîtres, à Ciceron, à Horace, &c? Mais ces autorités touchent peu l'Auteur de l'histoire de Dom Juam de Portugal : en deux lignes

PRÉFACE.

il renverse dans sa Préface toute la sçavante antiquité. „ Ce ridicule ornement du „ Poëme Epique qu'on ap- „ pelle le MERVEILLEUX, „ dit-il, devroit bien plûtôt „ s'appeller L'EXTRAVAGANT „ & L'INCROYABLE. Ainsi le Traité du *Sublime* ou du *Merveilleux*, que Despreaux a traduit de Longin, devoit *bien plûtôt s'appeller* le Traité de L'EXTRAVAGANT ou de L'INCROYABLE. Tels sont les principes de l'ennemi de toute *nouveauté dans les belles Lettres*; ainsi qu'il s'en déclare hautement.

Quoi qu'il en soit; j'ai suivi autant qu'il m'étoit possible, dans les traductions de

PREFACE.

Gracien, les mêmes régles que dans celles des autres Auteurs, lesquels j'ai donnés en divers genres. Voici comment je m'expliquai sur ce point dans ma Preface de la *Critique du Theâtre Anglois*; lorsque je traduisis cette Critique de M. Collier, Evêque Anglican. » Atten-
» tif & fidele au sens de l'o-
» riginal, j'ai adouci des me-
» taphores trop fortes, selon
» nous, j'ai déplacé quelques
» pensées pour leur donner
» un ordre plus conforme à
» la maniere d'arranger les
» nôtres; j'ai changé le sens
» propre au sens figuré ou le
» sens figuré au sens propre à
» mesure que l'un ou l'autre

PREFACE.

» me sembloit convenir da-
» vantage ; j'ai étendu ce
» qui pouvoit nous paroître
» obscur, pour être trop la-
» conique ; j'ai ajoûté cer-
» taines liaisons du discours
» dont l'Anglois peut appa-
» remment se passer, & que
» nous autres François, ju-
» geons necessaires. Mais
» ces changemens sont iné-
» vitables, & n'alterent point
» le fonds d'un ouvrage. L'illustre Auteur de la *Critique*,
à qui j'envoyai un exemplai-
re de ma traduction, bien
loin d'être offensé de ces
changemens, me fit l'hon-
neur de m'en remercier dans
sa réponse, dont je ne rap-
porterai que les termes absolument

PREFACE.

folument néceffaires. »Outre
» cela, Monfieur, je vous fuis
» obligé des attentions que
» vous avez eûes à vous éloi-
» gner d'une traduction lit-
» terale : *Sir, i am further obli-*
bligd to you the care you have
taken in standing off from a lit-
terall Tranflation. » Je vous
» envoye, mes réponfes aux
» Critiques de ma Critique,
» & mes effays de Morale que
» je vous prie d'accepter. Si
» votre loifir vous le permet
» & que vous ayez affez de
» complaifance pour croire
» que ces Ouvrages meritent
» une traduction Françoife,
» je vous en laiffe entiere-
» ment le maître ; & s'il s'y
trouvoit quelque chofe qui

PREFACE.

» ne fût pas de votre goût,
» vous n'avez qu'à le fuppri-
» mer. *And if there is any thing*
» *Schocking, you may pleafe to*
» *omittit it, &c.*

Ce fuffrage d'un Auteur celebre, c'eſt-à-dire, d'un homme ordinairement jaloux, que l'on n'ajoûte rien, que l'on ne retranche rien, que l'on ne change rien dans ſon Ouvrage generalement eſtimé : ce ſuffrage, dis-je, de l'un des plus grands eſprits d'Angleterre, & d'un Evêque Anglican, par rapport à un Jeſuite, en vaut ſeul mille pour l'affaire préſente : il peut encore ſervir à mettre au fait les perſonnes ſans Lettres, ſur ce que c'eſt que traduire,

PREFACE.

De la regle que M. l'Ab. des F. imagine, pour la traduction, je passe à celle qu'il observe en effet pour la critique ; à laquelle il employe la *fiction*, lui qui veut que *le fonds d'une Tragedie, d'un Poëme, d'un Roman soit veritable*. I°. Selon lui, *je fais dire à Gracien* : „ Sou-
„ vent un Heros devient la
„ Parque de son immortalité. Il lui a paru sans doute si convenable de me prêter cela, & de défigurer Gracien tout ensemble, qu'il le répéte à propos & hors de propos. Lorsqu'il étoit du Journal des Sçavans, il parloit ainsi dans un de ses Extraits, citant alors ma traduction. „ Com-
„ bien de Heros ont fini par

Pref. de Dom Juam de Portugal.

PRÉFACE.

» d'indignes actions qui ont
» flétri à jamais leur mémoi-
» re ? Hercule s'avise à la fin
» de filer comme une fem-
» me, & devient ainsi lui-
» même la Parque de son im-
» mortalité. *Cette derniere pensée est bien Espagnole*, disoit M. des F. *Journaliste, & le Traducteur ne l'a point travestie.* Voila tout-à-la fois, & rendre à Gracien ce qui est à Gracien, & en représenter exactement la traduction, & montrer que l'on se contredit soi-même. Puisque nous en sommes à cet endroit, voyons la suite qu'un Journaliste équitable ne devoit pas omettre. » Ce ne sont plus des co-
» lonnes aussi durables que

PREFACE.

„ l'airain, c'est un fresle fu-
„ seau qu'il veut laisser aux
„ siecles à venir pour monu-
„ ment de son Heroïsme. Le
„ vrai Heros rougit de cette
„ foiblesse : son bonheur peut
„ bien se démentir, mais sa
„ vertu se soutient toûjours,
„ & le venge des injustices
„ d'une fortune insensée. Il
„ ne cessera point d'être
„ grand, parce qu'il est con-
„ stamment vertueux ; &
„ quoique l'homme enfin dis-
„ paroisse, le Heros reste toû-
„ jours. C'est-là en passant,
ce que M. l'Abbé appelle :
*Parler Espagnol en François :
Etre le Heros des Traducteurs
tourné en François & en ridicule.*

II°. Gracien fait le carac-

PREFACE.

tere des Espagnols. « Dans
» les Espagnols domine le
» phlegme; & le feu dans les
» François: une prudence
» compassée & lente est l'at-
» tribut des premiers: une in-
» telligence empressée pour
» agir est l'attribut des autres:
» la précaution supplée au dé-
» faut d'activité dans les Es-
» pagnols; une heureuse con-
» fiance de réussir supplée
» au manque de phlegme
» dans les François. Quelle
forme M. des F. donne-t'il à
ce caractere dans sa brochure
critique? » Une intelligence
» empressée pour agir est l'at-
» tribut des uns & une *pru-*
» *dence empressée* est l'attribut
» des autres. Et afin qu'on

PREFACE.

ne doute point de fa bonne foi il cite fidélement la page 268. & marque en Italique *prudence empreſſée* ; de peur qu'on n'en fente pas aſſez le ridicule. Cela eſt-il vrai-ſemblable ? non ; & cela eſt pourtant vrai.

IIIº. Gracien dit : „ un ge„ nie quel qu'il ſoit n'eſt pas „ d'ordinaire propre à tout „ emploi, non plus qu'un eſ„ prit quel qu'il ſoit n'eſt pas „ d'ordinaire propre à toute „ ſcience ; du moins pour s'y „ diſtinguer. Souvent un ge„ nie mediocre réuſſit à un „ poſte où un genie éminent „ ſeroit embarraſſé. Cette derniere penſée toute vraye qu'elle eſt, M. l'Ab. des Fontaines

C iiij

PRÉFACE.

fçait la rendre toute fauſſe : *Un genie mediocre réuſſit toûjours à un poſte où un genie éminent eſt embarraſſé*, dit-il en caracteres italiques, ſoutenus d'une citation en marge.

IV°. *Gracien voudroit bien*, dit M. l'Ab. des F. que *l'on pût choiſir ſes enfans.* ” Mais ne
” ſeroit-ce pas un grand avan-
” tage, dit Gracien, que les
” enfans puſſent être auſſi une
” matiere de choix pour les
” parens ? Je n'en crois rien : la
” plûpart des peres ſont ſi
” déraiſonnables qu'ils adop-
” teroient ſouvent le plus
” mauvais ſujet. C'eſt un
” bienfait de la Providence
” de prévenir ces hommes
” aveugles ; puiſque les en-

PREFACE.

» fans - mêmes qu'elle leur
» donne bons, deviennent
» mauvais, ou par leur exem-
» ple, ou par leur negligen-
» ce, &c.

V°. M. l'Ab. des F. prétend que j'ai mis Gracien au-deſſus de S. Evremont ; & que *le public a traité ce jugement de ridicule.* Nouveau tour pour attribuer à un Auteur ce qu'il n'a point dit, & pour le faire croire au Public ; c'eſt de s'uſurper le nom, & de ſe revêtir de l'autorité du Public même. Venons à l'endroit où Gracien & S. Evremont ſe trouvent enſemble : C'eſt dans la derniere remarque du premier chap. du *Heros,* intitulé : *Se rendre impénétra-*

PREFACE.

ble sur l'étendue de sa capacité. M. de S. Evremont, dis-je, a employé heureusement tout ce chapitre de Gracien dans sa réponse au Comte de saint Albans, lequel lui demandoit en peu de mots tout ce qui est necessaire à un jeune homme de grande esperance, pour entrer avec avantage dans le monde, & s'y soûtenir avec honneur. Après cela je copie mot à mot les intructions de S. Evremont toutes traduites du Ire. C. du *Heros*, comme chaque lecteur le peut voir : puis je finis par ces paroles : ″ Je ″ n'accuse point d'ingratitu- ″ de M. de S. Evremont ; ″ quoiqu'il n'ait pas cité mê- ″ me le nom de son bienfai-

PREFACE.

» teur : Je ne prétens qu'ho-
» norer encore davantage le
» merite de Gracien par l'Ap-
» probation de l'un de nos
» plus judicieux & de nos
» plus forts Ecrivains. En tout
ceci est-il question de paral-
lele entre Gracien & S. Evremont ? Celui-ci a emprunté
de l'autre un chapitre & davantage : mais décidé-je pour
cela qu'il est au-dessous du
premier ? Je ne dis pas un
mot qui approche de ce qu'il
plaît au Critique de m'impo-
ser.

VI°. M. l'Ab. des F. pour
exagerer ce qu'il appelle *Am-
plifications* dans la traduction
du *Heros*, ne *s'étonne pas qu'un
petit écrit ait pû fournir à un In-*

PREFACE.

douze, en l'ornant de quelques Remarques. Je n'ai besoin pour lui répondre, que de la voix & des yeux de quiconque sçait lire & compter. Ces *quelques Remarques* contiennent deux cens & seize pages en petit caractere serré, ce qui dans un caractere ordinaire, *fourniroit à un In-douze*, tel qu'est par exemple, *l'Homme Universel*. D'ailleurs loin de chercher à dissimuler que le Heros est un petit Ouvrage, j'en fais remarquer la briéveté dans ma Préface, où je rapporte l'Eloge dont Philippe IV. l'honora. Ce petit „Ouvrage est très-agréable; je „vous assure qu'il renferme de „grandes choses. Ce Prince

PREFACE.

l'avoit placé dans son Cabinet parmi certains livres choisis qu'il goûtoit davantage & qu'il lisoit plus souvent *El Heroe se admiro en la major es fera del selecto Museo Real.* Cette approbation de Philippe IV. peut affermir dans leur sentiment ceux qui estiment le *Heros* de Gracien, & les consoler du mépris qu'en fait M. l'Ab. des F. » Cet auteur Espa-
» gnol, dit-il, n'aime pas les
» distinctions d'idées. Pour-
» quoy ? il appelle Heros tous
» les personnages illustres, les
» grands hommes de guerre,
» les grands esprits pour la
» politique, les grands hom-
» mes dans la magistrature,
» les genies extraordinaires

PRÉFACE.

" pour les lettres, &c. M. l'Ab. ne sçait donc pas, que Patru, la Rochefoucault, Despreaux, le P. Bouhours, tous nos Auteurs du beau siecle de la France admettent la même diversité d'Heroïsme que Gracien, & qu'ils reconnoissent aussi des *Heros* en mal comme en bien, dans le genre ignoble, comme dans le genre élevé. Il faut lire dans les sources; sans quoi l'on risque, ainsi qu'a fait M. des F. d'accuser nos premiers Maîtres de *n'aimer pas les distinctions d'idées*; l'on risque de confondre l'assemblage des perfections dans le premier genre, avec une seule de ces perfections, ainsi que fait M. l'Ab. quand il dit

PREFACE.

que, le *Heros* est encore une espece d'homme universel; l'on risque de s'égarer avec des *Dictionaires*, qui ne disent pas toutes les differentes significations d'un terme, tels qu'Oudin & Sobrino à l'égard *del Despejo*, lesquels ne marquent point que *Despejo* signifie aussi le *je ne sçai quoi* ; on risque de se méprendre avec le Dictionaire de Trevoux, lequel au même tems altere fort un passage de la Bruyere; & donne au P. Bouhours, ce qui est à celui-là. » Il semble, » dit la Bruyere, que le Heros » est d'un seul métier, qui est » celui de la guerre; & que le » grand homme est de tous » les métiers, ou de la robbe,

PREFACE.

„ ou de l'épée, ou du cabinet.
„ Peut-être qu'Alexandre n'é-
„ toit qu'un Heros, & que
„ César étoit un grand hom-
„ me. Que dit M. l'Abbé, co-
piste de la double faute du Dictionaire ? *La Bruyere dit que le Heros est d'un seul métier qui est celui de la guerre ; & le le P. Bouhours dit qu'Alexandre étoit un Heros, & que César étoit un grand homme.* Encore une fois, il faut que M. l'Abbé des F. lise nos premiers Maîtres, dont il cite si souvent les noms; après cela il ne condamnera plus tant d'expressions qui lui semblent, les unes *gauloises*, les autres *nouvelles*; & qu'il nomme indistinctement *une Manufacture de*

mots

PREFACE.

mots nouveaux fans privilege. Mais cette difcuffion, je la remets à la fin des *Maximes*, où l'on verra que nos meilleurs Ecrivains, Patru, Peliffon, la Rochefoucault, Buffy Rabutin, le P. Bouhours, S. Evremont, Fenelon, Tourveil, le P. d'Orleans, Racine, M. l'Abbé de Vertot, Rouffeau, &c. font pour lui comme des Ecrivains inconnus.

VII°. *Il eft neceffaire*, dit Gracien, felon M. l'Abbé des F. *que le Heros ait fur-tout expreffément le je ne fçai quoi.* C'eft la vertu qui *eft fur-tout expreffément neceffaire* au Heros, felon Gracien, lequel finit fon Traité de l'Heroïfme par le chap. intitulé: *La derniere per-*

RREFACE.

fection du Heros & du grand
" Homme. On n'eſt, dit-il, ve-
" ritablement un Heros, un
" grand Homme, qu'autant que
" l'on eſt vertueux : de même
" qu'il n'eſt point de vraye
" vertu ſans grandeur ; auſſi il
" n'eſt point de vraye grandeur
" ſans vertu. De ce principe
Gracien deſcend dans un détail inſtructif, & noble, qui
remplit quatre bonnes pages,
après leſquelles ſon Heros eſt
achevé ; M. l'Ab. a pris la précaution de taire le nom même
de ce chapitre, & de déran-
ger l'ordre des autres, pour en
terminer la table par celui-ci,
qui eſt de ſon ſtile : Il eſt necef-
ſaire que le Heros ait ſur-tout
expreſſémentle je ne ſçai quoi.

PREFACE.

Autre tour de la *Critique prudente & charitable*, qu'il propose au public, *pour le progrès du bon goût & des belles lettres*. La Bruyere dit en quelque endroit : „ C'est se venger contre „ soi-même, & donner un grand „ avantage à ses ennemis, que „ de leur imputer des choses „ qui ne sont pas vrayes, & de „ mentir pour les décrier.

La bonne foi de M. l'Ab. continue : montrons-en encore quelques exemples. Il suppose dans *une appendice*, (appendice est du masculin) il suppose que j'ai dit qu'*Oudin & Sobrino* n'entendent point l'Espagnol. „ Pour tra- „ duire *fama* en prose, je me „ sers toûjours (selon lui,) de

PREFACE.

„ cette expreſſion poëtique:
„ *la Déeſſe à cent bouches.* Afin de faire voir la verité de ce qu'il avance, il dit le contraire quelques pages après, voulant critiquer une de mes phraſes, qui commence par ces mots, & qu'il rapporte exactement: *La Renommée ſe fait entendre, &c.* Le fait eſt que je me ſuis ſervi une fois de cette expreſſion, *la Déeſſe à cent bouches*; mais je l'ai employée dans une rencontre où nos premiers Maîtres, Patru, Regnier Secretaire perpetuel de l'Académie, le P. Bouhours, &c. ont été mes modéles. Ecoutons la Réponſe du P. Bouhours à un ſemblable reproche: „ Si notre Cri-

PREFACE.

„ tique avoit bien lû le Ro-
„ driguez de M. l'Abbé Reg-
„ nier, il n'auroit pas decidé
„ si vîte que ce mot n'est bon
„ qu'en poësie: Et il ajoûte ailleurs que, quelque chose de poëtique dans la prose rend les pensées agréables. Finissons cet article, quoyqu'il s'en faille bien qu'il soit épuisé ; & cherchons dans M. des F. les deux autres qualitez necessaires à un Critique, lesquelles sont le bon sens & la capacité.

A l'égard du bon sens, il avance que *despejo* ne signifie que *l'air gai & ouvert, & jamais le je ne sçai quoi* : pour preuves de sa these, il rapporte précisément tout ce qui

PREFACE.

ne peut convenir qu'au je ne sçai quoi; ensuite à l'appui de quelques personnes assez versées dans la langue Espagnole; il conclut en bon logicien : *Ce qu'on a vû ci-dessus & bien d'autres choses*, ne conviennent qu'à l'air gai & ouvert. Voici ce qu'on *a vû ci-dessus*, & bien copié de ma traduction : „ *le* „ *je ne sçai quoi*, qui est l'ame „ de toutes les bonnes qua-
„ lités, qui orne les actions, „ qui embellit les paroles, qui „ répand un charme inévita-
„ ble sur tout ce qui vient de „ lui, est au-dessus de nos pen-
„ sées & de nos expressions. „ Personne ne l'a encore com-
„ pris ; & apparemment per-
„ sonne ne le comprendra ja-

PREFACE.

mais: Donc *c'est l'air gai & ouvert*; consequence de M. des F. Il la confirme par *bien d'autres choses* qu'il supprime; (car il use souvent de quelque petite supercherie, soit en additions soit en omissions.) Entre *ces bien d'autres choses*, qu'il seroit long de répresenter, Gracien réfute équivalement *l'air gai & ouvert*; à moins que l'on ne dise; je ne sçai quoi de gai & d'ouvert: après cela, comme il peint toutes les especes de je ne sçai quoi, il ajoûte: „ On le reconnoît
„ dans un Capitaine, à je ne
„ sçai quelle intrepidité ani-
„ mée, qui inspire de l'assu-
„ rance & du courage au Sol-
„ dat: on le reconnoît dans

PREFACE.

„ un Monarque assis sur le
„ trône à je ne sçais quelle
„ representation auguste qui
„ imprime du respect, &c.
„ Que devient ici *l'air gai &*
„ *ouvert* de M. des F ? Il n'y a
que lui qui sçache combien
je l'épargne sur ce chapitre,
ainsi que sur tous les autres,
pour ne point ennuyer les lecteurs, que je renvoye aux Observations de M. l'Abbé ✱✱✱
de l'Académie des Belles Lettres : On y admirera la fecondité des industries de M. des
F. pour jetter dans le décri
Gracien & son Traducteur.

 Quant à la capacité de ce
Critique : il juge *arithmetiquement*, (c'est son terme) en
matiere de traduction : Le

texte

PREFACE.

texte du *Heros* se réduit à soixante & dix pages; M. l'Abbé en retranche les dix dernieres : erreur de compte à quoi il est sujet. Tout supputé, tout compensé ; c'est environ 125. pages completes en François, sur soixante & dix, non en Espagnol précisément, mais en stile de Gracien que le Critique par une contradiction d'ailleurs avec lui-même, appelle un *Lycophron intraduisible*. Qu'il parcourre seulement des yeux les traductions de nos plus habiles en ce genre, il découvrira qu'elles excedent toûjours leurs originaux, soit Grecs, soit Latins, tantôt d'un quart, tantôt d'un tiers, &

PREFACE.

quelquefois au-delà : néanmoins ces Auteurs anciens qui font nos modeles, un traducteur n'a qu'à les ramener au tour & au genie de notre langue : au lieu qu'il n'en est pas ainsi de Gracien, comme tout le monde sçait. Bien plus, dans les saintes Lettres toutes respectables qu'elles sont ; combien d'endroits dont la version est necessairement le double du texte qui sans cela n'est pas entendu ? La diversité de langue est la cause generale de ces effets. Je produirois ici volontiers les deux textes Espagnols dont les Interpretes de M. des F. lui font condamner sur-tout l'amplification dans

PREFACE.

le François. Le premier texte est une Metaphore qui ne fait qu'indiquer les deux grands écueils de l'Heroïsme ; & je les ai mis dans tout leur jour ces écueils qu'il importe tant de connoître. Le second texte est un paralelle de deux professions publiques directement opposées, l'une très-noble & l'autre très-basse. Gracien s'étend fort sur la premiere pour lui attirer l'estime, & se resserre trop sur la seconde pour marquer le mépris dont elle est digne. Afin de faire mieux sentir le contraste, en le rendant plus régulier ; j'ai fini ce qui n'étoit qu'ébauché. Je passe sur cela condamnation, si les gens

PREFACE.
qui ont de la critique & du goût m'en blâment.

Que reste-il encore à la critique de M. l'Ab. des F? Il a déja parlé de mes *Remarques* sur le *Heros*, comme si elles n'étoient qu'en très-petit nombre ; & elles fourniroient pourtant à un *In-douze*. Ajoûtera-t'il que je les ai puisées en des sources méprisables ? Je les ai tirées de tous nos plus celebres Auteurs que j'ai relûs exprès, & lesquels ont traité des sujets semblables à ceux qui font dans Gracien la matiere du *Heros*, du grand homme. Mais du moins au jugement de M. des F. je n'ai pas été heureux dans l'application de ces Remarques ; il

PREFACE.

n'en donne qu'un exemple qu'il a cru le plus fort contre moi, & qu'il dit *n'avoir pas le moindre rapport avec le texte.* Que l'on en juge. „ On „ n'est point un grand hom- „ me, un Heros sans cette „ intelligence, &c. c'est le texte. *Remarque.* „ Pourquoi „ estimant un homme, l'esti- „ mez-vous tout enveloppé „ & empacqueté ? Sçavez- „ vous pourquoi vous l'esti- „ mez grand ? Vous y com- „ ptez la hauteur de ses pa- „ tins : la base n'est pas de la „ statue. Mesurez-le sans ses „ échaces. Qu'il mette à part „ ses honneurs. Quelle ame „ a-t'il ? Est-elle riche du „ sien & non de l'autrui ? La

Montagne.

PRÉFACE.

„ fortune, n'y a-t-elle que
„ voir? Un tel homme est
„ cinq cens brasses au-dessus
„ des Royaumes & des Du-
„ chés. Il est lui-même à soi
„ son empire & sa Duché,
&c. Il s'agit dans Montagne,
de ce qui fait veritablement
le fonds, le mérite de l'homme : & n'est-ce pas de cela
même qu'il s'agit dans Gracien ? Aussi le Public réel
pense-t'il des Remarques autrement que M. des F. qui
n'est plus aujourd'hui *le public
imaginaire* dont il s'autorisoit
quand il étoit du Journal des
Sçavans. En Angleterre, les
sentimens à l'égard des *Remarques*, comme à l'égard du
texte mis en François, sont

PREFACE.

bien differens de ceux de M. des F. dont les satires réiterées, & les dernieres toûjours plus injustes que les précedentes ont extrêmement scandalisé quelques Sçavans Anglois, tout protestans qu'ils sont, & tout Jesuite que je suis. C'est que l'honnêteté naturelle est de tous les pays, & de toutes les Religions. Revenons. L'homme universel ayant été traduit en Anglois sur ma traduction; l'on a fait ensuite le même honneur au *Heros* & à mes *Remarques* : & le Traducteur Gentilhomme d'Oxford a dédié le dernier au Lord Chancellier de la Grande Bretagne. Enfin à la

PRÉFACE.

Cour d'Espagne, où notre langue n'est pas ignorée ; * on espere que l'on sçaura encore mettre à la portée des François, & humaniser l'Oracle de Gracien, &c.

De cette Préface trop longue pour les gens éclairés, équitables, fermes dans le jugement qu'ils ont une fois porté, & peut-être trop courte pour tant d'autres à qui manquent ces qualités, que conclure ? de deux choses l'une : ou bien j'en impose à M. l'Ab. des F. & par-là je merite toute l'indignation du Public : ou bien j'accuse juste ; & par-là M. l'Ab. des F. doit perdre toute créance dans l'esprit

* Lett. d'une personne de la Cour d'Espagne.

PREFACE.

du Public fur l'homme univerfel, fur le Heros, fur Gracien qu'il traite *en Almanac du palais* dans l'un de fes ouvrages curieux qui amufent les gens oififs, & qui *reffemblent aux Vaudevilles qu'on ne chante qu'un certain temps.*

<small>Reflex. mor.</small>

P. S.

Des perfonnes fages après avoir lû avec beaucoup d'attention mon Manufcrit, m'ont donné un avis dont je profite très-volontiers, comme je ferai toûjours de tous ceux qui feront raifonnables; c'eft que quelques efprits, & mauvais peut-être plûtôt que religieux pourroient fe récrier

PREFACE.

sur deux Maximes, l'une intitulée, *Connoître son étoile*; & l'autre *Connoître ses jours de malheur*. Le sens de ces Maximes est expliqué dans le *Heros* de mon Auteur au Chapitre X^e. lequel a pour titre : *Connoître le caractere de sa fortune*.

„ La fortune à tout mo-
„ ment citée, & jamais net-
„ tement définie, n'est autre
„ chose, à parler en homme
„ Chrétien, & même en sage,
„ que la Providence éternel-
„ le; cette souveraine mai-
„ tresse des évenemens qu'el-
„ le ordonne, ou qu'elle per-
„ met; en telle sorte que, rien
„ n'arrive dans l'univers sans
„ ses volontés expresses, ou

PREFACE.

,, bien fans fes permiffions.
,, Cette Reine abfolue, im-
,, pénétrable, inflexible favo-
,, rife à fon gré les uns qu'elle
,, met en honneur, & laiffe
,, les autres dans l'obfcurité;
,, non point par paffion, ainfi
,, que font les foibles hu-
,, mains, mais par des vûes
,, de fageffe à nous incom-
,, préhenfibles.

,, Cependant pour nous
,, proportionner au langage
,, ordinaire, ne pourroit-on
,, point dire, que la fortune
,, eft comme un affemblage
,, de circonftances favora-
,, bles: de façon que fi l'on fe
,, trouve dans celles-ci, on é-
,, choue, & que fi l'on fe trou-
,, ve dans celles-là, on réuffit

PREFACE.

„ Mais sans prétendre fixer
„ les autres à cette défini-
„ tion; c'est une maxime des
„ grands Maîtres de la poli-
„ tique; qu'il faut observer
„ avec soin sa fortune, qu'il
„ faut ensuite observer celle
„ des gens que l'on a en tête,
„ sur-tout au métier de la
„ guerre, &c.

Les mêmes personnes ont jugé à propos que l'on produisît ici l'espece de Catalogue de nos célebres Auteurs, rapportés en forme de *Remarques* dans le *Heros* de Gracien; où cette liste auroit dû être placée après la Préface. Le *Heros* n'est autre chose en effet qu'un Traité de l'héroïsme en tout genre, mais un

PREFACE.

Traité fort concis: nos Ecrivains, qui ont parlé de cette matiere, font, fi on l'ofe dire, comme des Commentateurs qui développent un texte trop court. Il importoit donc de les mettre d'abord & enſemble fous les yeux du Lecteur lequel, s'il n'eſt prévenu, ne fonge pas peut-être à rapprocher toûjours la Gloſe du texte à examiner la Critique qui fe fait fi fouvent de l'une & de l'autre fans partialité, à obſerver combien de choſes renferme l'Auteur Eſpagnol dans un très-petit volume: & à dire le vrai, bien des Lecteurs, faute d'avoir été avertis ne penſent gueres à tout cela. L'attention du grand

PPEFACE.

nombre n'est plus occupée aujourd'hui qu'aux *Calotins*, aux *Rats*, aux *Gullivers*, &c. Mais il faut espérer avec M. S. Evremont que „ par un
„ heureux retour de notre
„ bon goût cette fantaisie pas-
„ sera, aussi-bien que celle
„ qui nous avoit tournez aux
„ Chansonnettes & au Bur-
„ lesque. Nous aurons honte
„ enfin de voir ailleurs nos
„ sottises rejettées par le bon
„ sens, tandis que nous les
„ élevons au ciel par un en-
„ têtement ridicule.

Auteurs citez dans le Heros en forme de Remarques.

La Rochefoucault,

PREFACE.

La Bruyere,
Montagne,
Saint Evremont,
Saint Réal,
Le Pere Bouhours,
Telemaque,
Le Pere Rapin,
Le Chevalier de Meré,
Testament de la Hoguette,
Testament de Richelieu,
Testament de Louvois,
Testament de Colbert,
Despreaux,
Bussy-Rabutin,
Varillas,
Sacy de l'Académie Françoise.
Pierre Corneille,
La Chapelle,
Mademoiselle de Scuderi,

PREFACE.
Brebeuf,
Racine,
L'Abbé Maſſieu, &c.
M. Collier Evêque Anglican. *Eſſais Moraux*.

Ces citations feroient elles-mêmes un Traité ſuivi, & complet, de toutes les qualitez propres de l'Heroïſme; en quelque genre élevé que l'Héroïſme ſe puiſſe acquerir.

Il eſt étrange qu'on veuille que j'alonge encore cette Préface, par quelque eſſai de ma traduction que l'on compare ſur le champ, ſelon le genie François, avec la traduction de mon prédeceſſeur.

PREFACE.
Le voici donc cet essai ; après que l'Homme de Cour, comme mon ancien, aura parlé.

Proceder quelquefois finement, & quelquefois rondement.   L'Homme de Cour.

,, La vie humaine est un
,, combat contre la malice
,, de l'homme même. L'hom-
,, me adroit y emploie pour
,, armes les stratagémes de
,, l'intention. Il ne fait ja-
,, mais ce qu'il montre avoir
,, envie de faire. Il mire un
,, but, mais c'est pour trom-
,, per les yeux qui le regar-
,, dent. Il jette une parole en
,, l'air, & puis il fait une cho-
,, se à quoi personne ne pen-

PREFACE.

„ soit. S'il dit un mot, c'est
„ pour amuser l'attention de
„ ses rivaux, & dès qu'elle
„ est occupée à ce qu'ils pen-
„ sent, ils exécutent aussi-tôt
„ ce qu'ils ne pensoient pas.
„ Celui donc qui veut se gar-
„ der d'être tompé, prévient
„ la ruse de son compagnon
„ par de bonnes réflexions.
„ Il entend toûjours le con-
„ traire de ce qu'on veut qu'il
„ entende, & par-là il dé-
„ couvre incontinent la fein-
„ te. Il laisse passer le premier
„ coup, pour attendre de pié
„ ferme le second. Et puis
„ quand son artifice est con-
„ nu, il rafine sa dissimula-
„ tion, en se servant de la ve-

PREFACE.

„ rité même pour tromper.
„ Il change de jeu & de bat-
„ terie pour changer de ru-
„ se. Son artifice est de n'en
„ avoir plus, & toute sa fi-
„ nesse est de passer de la
„ dissimulation précédente à
„ la candeur. Celui qui l'ob-
„ serve, & qui a de la pé-
„ nétration, connoissant l'a-
„ dresse de son rival se tient
„ sur ses gardes, & décou-
„ vre les ténébres revêtues de
„ la lumiere. Il déchiffre un
„ procedé d'autant plus ca-
„ ché que tout y est sincere. Et
„ c'est ainsi que la finesse de
„ Pithon combat contre la
„ candeur d'Apollon.

Je maintiens que tout hom-

PREFACE.

intelligent & vrai doit avouer qu'il ne sçauroit se former une idée claire & pratique de cette Maxime. Il s'en faut bien qu'elle soit aisée à concevoir dans Gracien, où l'on ne voit pour les deux *Nominatifs* pour les deux acteurs opposez que *la malicia, la simulacion, la destreza, la candidez*, d'une part; & de l'autre part, *la penetrante inteligencia, la observacion, &c*. Mais le traducteur a fort encheri sur cette obscurité extrême, en mêlant le sens propre au sens figuré, en paraphrasant le texte à sa façon, & surtout en ajoûtant à cette espece de petite scéne, des Personnages que l'O-

PREFACE.

riginal n'y a point mis. Il ne s'y agit que de deux rivaux, que de deux concurrens, qui se soupçonnent réciproquement de viser au même but, qui veulent se tirer sur cela leur secret, & qui jouent au plus fin, comme dit le proverbe, pour se supplanter. Ce fait arrive tous les jours; mais il est question d'en rendre intelligible & nette l'exposition; toute embrouillée qu'elle est dans Gracien.

Finesse & Franchise. (n° XIII) Traduction nouvelle.

„ La vie du monde est une
„ sorte de combat soûterrain,
„ où l'on doit sans cesse être

PREFACE.

» en garde contre la furprife
» des ftratagêmes. *De deux*
» *concurrens*, l'un emploie d'a-
» bord toute fa dexterité,
» pour couvrir fa vraie in-
» tention, & ne s'en tient ja-
» mais au parti qu'il femble
» vouloir prendre. Afin d'a-
» mufer & de tromper fon
» competiteur, il infinue
» quelque projet en l'air, &
» laiffe échapper quelques pa-
» roles qui font en apparence
» les expreffions de fa pen-
» fée. L'autre qui a l'efprit
» encore plus délié pénetre la
» feinte, & fent que le con-
» traire de ce qu'on lui in-
» dique eft juftement ce que
» l'on a en vûe de faire. Ce-

PREFACE.

„ pendant le premier qui se
„ deffie de tout, parce qu'il
„ cherche à tromper, soup-
„ çonne l'autre qu'il sçait être
„ habile, de croire tout l'op-
„ posé de ce qu'il vient de
„ lui dire à demi. Alors chan-
„ geant de batterie, avec
„ l'artifice le plus rafiné, il
„ s'ouvre veritablement sur
„ ce qu'il pense ; mais à des-
„ sein de n'en être pas cru.
„ Ainsi par cette dissimula-
„ tion la plus subtile, sa ruse
„ même est d'user de fran-
„ chise. L'autre persuadé de
„ la finesse deja éprouvée de
„ l'homme à qui il a à faire
„ le prend au mot en secret,
„ & agit en conséquence d'un

PREFACE.

„ aveu qu'on voudroit bien
„ qu'il crût simulé. C'est de
„ cette sorte que la finesse de
„ Pithon tâche envain de se
„ dérober aux vives lumie-
„ res d'Apollon : *De los pene-*
„ *trantes rayos de Apolo.*

C'est jusqu'à ce point, & communément encore, plus que nous sommes differens l'un de l'autre, M. Amelot & moi, non pas pour le stile précisément & pour l'expression, mais pour le fonds même, & pour la pensée de Gracien. Après cela je déclare à mes Censeurs, que je ne leur répondrai point ; à moins qu'ils n'en usent à mon égard, comme je fais à l'égard

PRÉFACE.

gard de Monsieur Amelot: c'est-à-dire, à moins qu'ils ne fournissent leur propre traduction d'une Maxime entiere avec ma traduction, qu'il leur plaira d'en critiquer. Cette condition exactement remplie est une chose utile pour le Public ; une matiere de louange pour un Critique, s'il réussit ; & pour moi une justice, ce semble que je demande avec raison. Mauvaise ruse en effet, parlons juste, mauvaise foi que de détacher une expression, ou une phrase du corps d'un discours, pour en défigurer par-là l'ordre, & le sens. Alors deux genres de public,

PREFACE.

l'un malignement & l'autre bonnement credules n'hesitent point à blâmer dans un Auteur, une faute qui n'est que de l'invention de son Censeur.

MAXIMES
DE
BALTAZAR GRACIEN,
TRADUITES DE L'ESPAGNOL.

MAXIME PREMIERE.

Aujourd'hui tout est à peu près parfait dans son genre: & le grand homme est au plus haut degré de sa perfection.

ON éxige désormais plus de qualitez pour un seul Sage, que l'on n'en demandoit pour sept, aux siecles passez: & il faut à présent plus d'habileté pour manier l'esprit d'un homme, qu'il n'en falloit autrefois pour gouverner un peuple entier.

MAXIME II.

L'esprit & le genie.

Voilà les deux fondemens de la gloire attachée aux qualitez éminentes: l'un sans l'autre ne fait qu'un demi-merite.... Ce n'est pas assez que le bon sens; on veut encore le genie.. se méprendre dans le choix de l'état, de l'emploi, de la demeure, des amis, c'est le sort triste des gens mal-habiles.

<small>Le Texte dit un demi-bonheur.</small>

MAXIME III.

Se conduire d'une maniere à tenir les hommes en suspens.

LA suprise que la nouveauté cause est la mesure de l'estime

qu'on fait des succès.. Il n'y auroit ni profit ni plaisir de jouer à jeu découvert. Ne point déclarer d'abord ses desseins, c'est tenir les hommes en suspens ; surtout dans un rang élevé, où l'on est l'objet de l'attente publique ; ce procédé fait soupçonner qu'il y a du mystere en tout ; & le mystere attire la veneration. Lors même qu'on s'explique, il faut se garder bien de le faire en termes trop clairs ; ainsi que dans le commerce ordinaire de la vie, on ne doit point ouvrir son cœur à tout le monde. Le silence concerté est le sanctuaire de la sagesse. Une résolution déclarée expose à la Critique, bien loin d'acquerir jamais de l'estime : & si elle vient à échouer, on est doublement malheureux. Que l'on imite donc la conduite du Seigneur, lequel nous tient toûjours en suspens & en attention.

MAXIME IV.

L'habileté & la valeur.

CEs deux qualités contribuent mutuellement à faire le grand homme : elles l'immortalisent ; parce qu'elles sont immortelles. On n'est grand qu'autant que l'on sçait ; & tout devient possible à un homme habile. L'homme sans connoissances, c'est le monde dans les tenebres : la capacité est sa lumiere, & comme ses yeux ; la valeur est sa force & comme ses bras. Sans la valeur, l'habileté reste sterile.

MAXIME V.

Retenir toûjours les gens dans la dépendance.

CE n'est point le statuaire qui fait les dieux ; c'est celui qui les prie. Un homme fin aime mieux qu'on ait besoin de lui, que de recevoir des remercîmens. Compter sur la reconnoissance d'ames viles, c'est se frustrer des assiduités qu'attire l'esperance : l'objet de l'esperance est toûjours présent, & celui de la reconnoissance se perd bientôt de vûe; ainsi l'on gagne bien davantage avec l'une qu'avec l'autre. A peine s'est-on désalteré qu'on tourne le dos à la fontaine : à peine a-t'on pressé l'orange qu'on la jette. Dès que la dépendance ne subsiste plus, la relation & avec elle la consideration cesse. C'est un principe dans l'usage très-important, d'entretenir, & de ne remplir jamais le besoin que l'on a de nous; & cela, même à l'égard du souverain : ce principe néanmoins ne doit pas aller jusqu'à nous taire pour laisser faire une fausse démarche; & à rendre le mal d'autrui incurable pour notre propre avantage.

MAXIME VI.

L'homme au point de sa perfection.

ON ne naît pas un homme fait : on va se perfectionnant chaque jour dans sa personne, ainsi que dans sa profession ; jusqu'à ce que l'on parvienne au point d'être tout-fait *pour le corps*, & accompli pour les qualités éminentes *de l'esprit*. L'homme au point de sa perfection se reconnoît à ces traits ; à la maturité du jugement, à la Noblesse du goût, à la justesse de l'esprit, à la solidité d'un cœur libre de la bagatelle. Quelques-uns n'en viennent jamais là ; il leur manque toûjours quelque chose pour y arriver : d'autres sont lents à y parvenir.... L'homme devenu parfait, judicieux dans ses discours, facile dans ses manieres, est admis au commerce familier des Sages, & en est même recherché.

MAXIME VII.

Eviter d'avoir l'avantage sur son Maître.

Tout ascendant est odieux ; & celui d'un subalterne sur son Seigneur est toûjours insensé ou même fatal. On néglige sans peine des avantages vulgaires, ainsi qu'une femme modeste, des parures vaines : on le cedera volontiers à autrui sur le bonheur, sur le caractere jovial; mais sur l'esprit on ne le veut ceder à personne, & encore moins si l'on est dans un rang superieur. L'esprit est comme le roi des attributs; dès qu'on le blesse, c'est une espece de crime au premier chef. Les Souverains sont nos superieurs; & il est dans l'ordre qu'ils soient au-dessus de nous, en ce qu'il y a de plus grand : ils consentent à être secondez, non point à être maîtrisez : il faut qu'un conseil donné ait plus l'air d'une chose qu'on leur rappelle à la memoire, que d'une lumiere échappée à leur pénétration. Les astres subalternes, quoiqu'enfans de la lumiere, ne brillent point devant l'astre du jour : Symbole instructif pour nous.

MAXIME VIII.

L'homme qui ne se passionne jamais.

L'Empire absolu sur soi-même est le dernier effort d'une grande ame : par-là on s'éleve au-dessus de mille impressions étrangeres, dont le commun des hommes est esclave. Il n'est point de souveraineté plus glorieuse que l'empire sur nos passions ; puisqu'il est le triomphe de notre liberté... Supposé qu'une passion vienne à vous surprendre ; qu'elle n'ose pas, du moins se mêler à votre emploi, principalement s'il est considerable. On s'épargne ainsi de grands déplaisirs, & l'on se conserve dans sa réputation acquise.

MAXIME IX.

Démentir les défauts de son pays.

L'Eau contracte les bonnes ou les mauvaises qualités des veines de la terre par où elle passe ; & l'homme celles du climat où il naît. Les uns doivent plus que les autres à leur patrie, à mesure qu'un astre plus ou moins favorable l'a éclairée. Il n'est point de nation, quelque privilegiée qu'elle soit, qui n'ait une tache originelle que ses voisins censurent, ou pour s'en préserver, ou pour se consoler de celle qu'ils ont. C'est une victoire bien délicate de subjuguer le défaut national, ou pour le moins, de le démentir : on acquiert ainsi la gloire d'homme unique ; & ce merite est d'autant plus estimé qu'on s'y attend moins... Il y a aussi des défauts de famille, des défauts de l'emploi, de la condition, de l'âge : ces défauts rassemblez en un seul homme en font un monstre affreux, si l'on n'apporte pas toute son application à les prévenir.

MAXIME X.

La Fortune & la Renommée.

LA Fortune a autant d'inconstance que la Renommée a de stabilité, l'une est bornée à la vie présente, l'autre passe aux siécles futurs ; l'une se défend contre l'envie, & l'autre contre l'oubli. On attend la Fortune, & quelquefois on la sollicite ; on cherche toûjours avec chaleur la Renommée. Le desir de la vraie gloire a sa source dans la vertu. La Renommée, sœur des Géants ne connut jamais de milieu ; pour elle tout est monstre d'infamie, ou prodige de gloire.

MAXIME XI.

Frequenter les personnes avec qui l'on puisse s'instruire.

IL faut se lier autant que l'on peut avec des personnes dont la societé soit comme une école de politesse & d'érudition. De ses amis en faire ainsi ses maîtres, c'est goûter l'agréable & recueillir l'utile tout ensemble. Dans le commerce avec les honnêtes gens qui ont de l'esprit, l'avantage s'y trouve de part & d'autre ; c'est-à-dire, l'estime pour celui qui parle, & l'instruction pour ceux qui écoutent. Ordinairement, c'est la convenance de l'état qui nous associe : mais un galant homme ne craindra point de hanter les maisons de quelques Seigneurs de la Cour, lesquelles sont plûtôt des théâtres du mérite insigne, que des palais de la vanité. Il en est en effet de ces hommes extraordinaires ; oracles en tout genre de grandeur par leur exemple, aussi bien que dans leurs discours : d'ailleurs le cortege de gens dont ils sont environnez, est une espece d'Académie de politesse exquise & de sagesse.

MAXIME XII.

La nature & l'art : la matiere & l'ouvrage.

DAns les ouvrages de l'art, point de beauté sans l'aide d'une main habile : dans l'homme, point de perfection qui ne soit brute sans le secours de l'industrie : L'industrie réforme le mauvais, & perfectionne le bon. Le meilleur nous est ordinairement refusé par la nature ; suppléons-y par l'art. Le plus heureux genie, s'il est tout-à-fait négligé demeure inutile ; & les plus riches talens perdent la moitié de leur prix, s'ils ne font cultivés qu'à demi : tout l'homme en un mot est informe fans la culture, il a besoin de ce secours pour tout genre de perfection.

MAXIME XIII.

Finesse & Franchise.

LA vie du monde est une espece de combat souterrain, où l'on doit fans cesse être en garde contre la surprise des stratagêmes. *De deux concurrens*, l'un emploie d'abord toute fa dexterité pour couvrir fa vraie intention ; & ne s'en tient jamais au parti qu'il femble vouloir prendre : afin d'amufer & de tromper fon competiteur, il infinue quelque projet en l'air & laisse échapper quelques paroles qui font en apparence les expressions de fa pensée. L'autre qui a l'esprit encore plus délié pénetre la feinte, & sent que le contraire de ce qu'on lui indique est justement ce que l'on a en vûe de faire. Cependant le premier qui se défie de tout, parce qu'il cherche à tromper, soupçonne l'autre qu'il sçait être habile, de croire tout l'opposé de ce qu'il vient de lui dire à demi. Alors changeant de batterie, avec l'artifice le plus rafiné, il s'ouvre veritablement sur ce qu'il pense, mais à dessein de n'en être pas cru. Ainsi par cette dissimulation la plus subtile, sa ruse même est d'user de franchise. L'autre persuadé de la finesse déja éprouvée de l'homme à qui il a à faire le prend au mot en secret, & agit en conséquence d'un aveu qu'on voudroit bien qu'il crût simulé. C'est de cette sorte que la finesse de Python tâche envain de se dérober aux vives lumieres d'Appollon.

MAXIME

MAXIME XIV.

La chose & la maniere.

CE n'est pas assez que l'étoffe, il y faut la façon. Une mauvaise maniere gâte tout ; la chose même la plus juste & la plus raisonnable. Au contraire une bonne maniere est un supplément à tout ; elle assaisonne un refus, elle adoucit une verité, elle embellit la vieillesse même... La maniere tient, pour le dire ainsi, un grand rôle en toutes choses : Elle est l'attrait de tout ce qui peut plaire... De belles manieres ornent tout dans l'homme ; la personne, le merite, l'emploi.

MAXIME XV.

Merite auxiliaire.

C'Est l'heureux privilege des Grands d'avoir à leur suite des hommes d'un merité rare, qui substituent leur capacité à l'insuffisance du maître, & qui lui aplanissent tous les obstacles dans des affaires embarrassées. Il est plus beau sans doute d'avoir ainsi le ministere des sages à commandement, que de goûter le barbare plaisir d'être servi par des Rois vaincus, comme Tigranez l'affectoit. C'est une sorte de grandeur à part de sçavoir se choisir pour serviteurs des hommes nez pour être maîtres, on a tant de choses à apprendre & si peu de temps à vivre : & ce n'est pas vivre que d'être enseveli dans les ténebres de l'ignorance. Il est donc d'une extrême sagesse d'apprendre, & d'apprendre beaucoup, sans qu'il en coute, que de mettre en œuvre pour soi des gens qui sçachent beaucoup. Avec cela, dans un Conseil, dans une Assemblée un homme seul en vaut plusieurs; il est l'organe d'autant de sages qu'il a eu de maîtres; & leurs veilles lui acquierent la réputation d'être un oracle. D'abord ils difposent leurs inftructions, & enfuite ils en communiquent l'habile précis à celui qui doit parler. Les autres qui ne font pas en état d'avoir de tels fubftituts à leurs gages, qu'ils tâchent de fe les attacher au moins par les liens de l'amitié.

MAXIME XVI.

La capacité & les intentions droites font de grands moyens pour réuffir.

C'Eft un alliage monftrueux que celui d'un bon efprit avec un mauvais cœur. L'intention maligne eft le poifon du merite, & fecondée de la capacité, elle en eft le poifon le plus fubtil. Miferable habileté que celle qu'on emploie à mal faire... Science fans jugement, double folie.

MAXIME XVII.

Varieté dans les allûres, pour déconcerter l'attention des gens; & surtout celle des envieux.

IL ne faut pas avoir toûjours les mêmes errémens : cette uniformité de conduite est une voie pour être prévenu & frustré de ses prétentions. Il est aisé de tuer un oiseau dont le vol est égal & suivi ; il n'en est pas de même de celui dont le vol varie. Cependant on ne doit pas changer sans cesse d'allûres; bientôt la feinte se découvriroit. La malignité est toûjours comme en embuscade ; une grande sagacité est necessaire pour lui donner le change. Un joueur habile ne place point la piece que son adversaire pense, & encore moins celle que ce dernier souhaite.

MAXIME XVIII.
L'application & le talent.

Sans l'une & l'autre on n'excelle en rien; avec l'une & l'autre on est un grand homme. Un genie mediocre soutenu d'une grande application, va plus loin qu'un genie superieur sans elle. La réputation s'achete à prix de travail; & ce qui coûte peu ne vaut gueres. A quelques-uns l'application a manqué dans les emplois mêmes importans. A l'égard du genie on n'en supplée point le défaut. N'exceller pas dans un emploi vulgaire, pour aimer mieux être médiocre dans un emploi éclatant, c'est ce que la noblesse du motif peut en quelque sorte excuser. Se borner au médiocre dans le dernier ordre, lorsque l'on pourroit se signaler dans le premier; c'est ce qui n'est pas pardonnable. Il faut donc & le talent & l'art de le tourner à son objet ; & enfin l'application qui met le sceau à l'un & à l'autre.

MAXIME XIX.

Ne se point montrer, trop annoncé.

C'Est le sort ordinaire de tout ce qui est d'avance beaucoup loué, de ne répondre point ensuite à la haute idée qu'on s'en étoit faite. Ici le réel n'atteignit jamais à l'imaginé ; parce qu'il est très-aisé de se feindre des perfections, & très-difficile de les acquerir. L'imagination sympathise avec le desir, & se représente toujours les choses bien au-delà de ce qu'elles sont. Quelque grand que soit donc un merite préconisé, il ne sçauroit contenter l'imagination ; & alors comme on se voit trompé dans son attente, au lieu d'admirer le merite, on en revient tout-à-fait, ainsi que d'une illusion. Puisque l'attente outre toûjours la verité, c'est à la prudence de mettre ordre à cet excès, & de faire ensorte que le contentement passe l'attente. Il convient que l'on soit prévenu de quelque estime pour vous, afin de picquer la curiosité, sans vous compromettre : si la réalité se trouve ensuite au-dessus de l'opinion qu'on a conçue de vous, une plus grande gloire vous est attribuée. Ce principe n'a pas lieu pour le mal, à qui l'exageration même devient favorable, & sert heureusement de défense ; jusqu'au point de faire paroître excusable une faute qu'on avoit cruë énorme.

MAXIME XX.

L'homme dans son siecle.

LEs hommes d'un merite extraordinaire dépendent des temps : tous n'ont pas vécu dans celui dont ils étoient dignes ; & parmi ceux qu'un beau siécle vit naître, plusieurs n'en sçurent pas profiter. D'autres ont merité un meilleur siécle ; car tout ce qui est bon n'est pas toûjours élevé en honneur. Les choses ont toutes en ce monde leurs vicissitudes ; les belles qualités mêmes sont à la merci de l'usage. Mais le Sage sçait éterniser son nom, malgré ces bizarreries : & s'il n'est pas dans son siécle, plusieurs autres siécles seront les siens.

MAXIME XXI.

L'art d'être heureux.

IL y a des régles pour être heureux : le sage ne commet point son bonheur au pur hazard ; il y contribue de son industrie. Quelques-uns se contentent de se présenter de bonne grace devant le palais de la fortune, & attendent après cela tranquillement que l'entrée leur en soit offerte. D'autres s'y prennent mieux : avec une

une honnête confiance appuyée sur leur vertu & sur leur merite, ils sçavent se produire, se procurer un accés dans le palais même de la fortune & en remporter quelque regard favorable. Mais en bonne philosophie, il n'est point d'autres arbitres de la destinée de l'homme que la vertu & la conduite. On n'est heureux ou malheureux qu'à mesure de sa sagesse, ou de son imprudence.

MAXIME XXII.

L'érudition propre de l'honnête homme.

UNe certaine érudition legere & gracieuse est le partage des honnêtes gens. Ils sont au fait de toutes les affaires du tems, non à la façon du vulgaire; mais en connoisseurs délicats: ils ont un recueil exquis de mots pleins de sel; ils en ont un autre de faits agréables : & ils sçavent l'art de placer à propos tout cela. Un avis dans un seul mot plaisant, est quelquefois plus efficace que dans une grave remontrance. Combien de gens à qui la science propre de la conversation a été plus utile que s'ils avoient possedé les sept arts liberaux.

MAXIME XXIII.

Ne se permettre nul défaut.

IL n'est point de perfection que l'on n'y trouve toûjours quelque chose à redire. Parmi les hommes très-peu sont en effet sans défauts, soit dans le fonds du caractere, soit dans les manieres : & presque tous tiennent à leur défaut personnel, bien qu'il leur fût aisé de s'en défaire. Les gens sages gemissent de voir quelquefois un très-leger défaut se mêler à l'assemblage des plus grandes qualités ; car un nuage suffit pour obscurcir tout le soleil. Les moindres défauts sont des taches à la réputation ; la malignité les saisit d'abord, puis s'y arrête : ce seroit un grand trait d'habileté de les convertir même en avantages. Jules-Cesar qui étoit chauve, sçût illustrer en quelque sorte ce défaut naturel en le couvrant de ses lauriers.

MAXIME XXIV.

Regler son imagination.

DEux manieres de mettre en régle l'imagination : c'est quelquefois de la retenir tout-à-fait, & quelquefois de l'aider même: de ces principes si conformes, d'ailleurs à la raison, dépend aussi notre bonheur. Une imagination sans frein entraîne après elle l'homme comme un esclave : elle ne nous asservit pas seulement à des idées, mais encore à des procedés qui en sont les suites naturelles : elle donne, pour le dire ainſi, toute la forme à notre vie, qu'elle rend heureuſe ou malheureuſe ; parce qu'elle nous rend ou contens ou mécontens de nous-mêmes, ſelon le genre de folie auquel elle ſe tourne. Aux uns elle ne repréſente que des ſujets de déplaiſirs, ſpectres cruels qui ne les quittent point ; aux autres elle ne leur offre que des objets agréables, douces chimeres qui les jouent. Tel eſt l'empire abſolu qu'éxerce ſur nous l'imagination ; lorſque la raiſon ne le prend pas ſur elle.

MAXIME XXV.

Le bon Entendeur.

C'Etoit autrefois le ſouverain point de l'habileté que de comprendre bien les choſes : aujourd'hui cela ne ſuffit plus ; il faut les deviner, & ſurtout pour n'être pas duppe. On ne ſçauroit plus être désormais ce qui s'appelle un homme d'esprit : si l'on n'est pas un bon entendeur. Il y a partout des Argus & des Lynx qui nous observent, & qui percent jusqu'à nos intentions. Les veritez qu'il nous importe le plus de sçavoir ne nous sont jamais montrées qu'à demi ; c'est à l'homme sage d'en développer tout le sens : sur ce qui nous flatte, soyons très-lents à croire ; & sur ce qui nous condamne, soyons faciles à y ajoûter foi.

MAXIME XXVI.

Saisir le foible d'un chacun.

C'Est ici l'art de maîtriser les cœurs : mais il y a plus de dexterité que d'effort à saisir l'endroit par où s'en mettre en possession. Il n'est personne qui

---

* Cette Maxime est pour la précaution. V. le ch. 2. du Heros : *Ne point laisser connoître ses passions.*

n'ait une paſſion dominante ; & cette paſſion eſt differente ſuivant la difference des goûts. Tous les hommes ſont idolâtres ; les uns le ſont de la gloire, les autres de l'interêt, & la plûpart du plaiſir. L'habileté eſt de connoître l'idole, le penchant, l'attrait : cette connoiſſance eſt comme la clef du cœur où l'on veut s'introduire : pour cela on va au premier mobile, lequel n'eſt pas toûjours une paſſion noble, mais ſouvent une paſſion baſſe, dont les hommes ſont plus communément ſuſceptibles. On étudie donc d'abord le caractere perſonnel, on le ſonde enſuite, on attaque ſon homme par ce foible, & on s'en rend infailliblement le maître.

MAXIME XXVII.

Préferer la qualité à la quantité.

CE n'eſt point la quantité, mais la qualité qui fait le prix des choſes. Il y a toûjours très-peu de ce qui eſt excellent, & beaucoup de ce qui eſt mauvais. Parmi les hommes-mêmes ceux qui ſont d'une taille gigantesque, ont accoutumé de n'être d'ailleurs que des nains. Quelques-uns apprécient les livres ſelon la grandeur & la groſſeur du volume; comme ſi on les compoſoit pour l'exercice des bras plûtôt que pour exercer les eſprits: l'étendue préciſément n'aboutit jamais en cette matiere qu'à la mediocrité. C'eſt encore le malheur de ceux qui prétendent être des hommes univerſels, de n'exceller en rien, pour vouloir exceller en tout. Une perfection toute ſeule nous met en honneur, ſi elle eſt du premier ordre.

MAXIME XXVIII.
N'être vulgaire en rien.

A l'egard du goût. L'homme très-sage que celui qui se sçavoit mauvais gré de plaire à la multitude ! Un vrai merite dédaigne ces profusions d'applaudissemens confus. Il y a de petits genies, qui loin d'aspirer aux dignes éloges d'Apollon, se bornent au futile suffrage du vulgaire ; ainsi que des Cameleons qui se repaissent de vent. *A l'égard du jugement.* On n'admirera pas non plus ce que le peuple croit une merveille : les ignorans ne sortent point de l'admiration. Et c'est justement cette stupidité commune qui sert aux sages de précaution contre elle-même

MAXIME XXIX.
L'homme intégre.

IL faut suivre la droite raison avec une telle fermeté dans le parti qu'on a pris, que nulle passion au dedans, & nulle violence au dehors ne soient capables de nous la faire abandonner. Mais où trouver un homme de cette droiture inflexible ? Que cette vertu à peu de partisans ! la plûpart sont assez éloquens à la louer; & ils en demeurent-là. D'autres ne sont pour elle que jusqu'au temps de l'épreuve ; alors, perfides, ils y renoncent, ou politiques ils la dissimulent. Mais l'homme intégre ne balance point en ces momens: il est prêt à sacrifier, s'il le faut, des amis, des gens en place & ses propres interêts. Les esprits rafinez se mettent comme dans un milieu, où par une métaphysique specieuse, ils ne veulent ni blesser leur conscience, ni heurter la raison d'état. Un homme intégre appelle cette neutralité une espece de trahison ; & il aime mieux être ferme que si habile : il sera toûjours du parti où la verité se trouvera : & s'il change à l'égard des gens, l'inconstance n'aura point de part à ce changement ; il ne leur sera contraire que parce qu'ils auront abandonné la verité.

MAXIME XXX.

Point de profession bizarre ; point de chimeres : sujets de mépris pour nous plûtôt que d'estime.

IL y a bien des sectes du caprice ; le sage doit les éviter toutes. Que de gens ont des goûts étranges, au point d'aimer précisément tout ce qui choque les esprits raisonnables : leur vie est comme un tissu de toutes especes de singularitez qui les charment : ce caractere les distingue sans doute ; mais c'est pour être des objets de risée, & non d'applaudissement. Le sage même ne doit point affecter sa profession : à plus forte raison ne doit-on point affecter une profession ridicule d'elle-même. Au reste, on ne détaille point ici les diverses singularitez ; parce que le mépris géneral qu'on en fait en désigne assez chaque espece.

MAXIME XXXI.

Connoître les gens qui sont heureux, pour se les associer; & ceux qui ne le sont pas, pour les laisser.

ON est communément malheureux, par son imprudence ; & le commerce des imprudens est une contagion très-dangereuse. Il ne faut jamais s'exposer au moindre des maux; il ne manque point d'être suivi de plusieurs autres, & à ceux-ci en succedent de plus grands qui nous attendent comme dans une embuscade. Il est un jeu où il s'agit de sçavoir bien écarter : la plus basse de ce qu'est la triomphe l'emporte sur la plus haute de ce qu'elle n'est plus. Dans le doute le parti sûr est de consulter les hommes sages & prudens; on y trouve son compte tôt ou tard.

MAXIME XXXII.

Avoir la réputation d'être bienfaisant

C'Est par ce bel endroit que ceux qui remplissent les premiers postes ne sçauroient manquer de plaire; & que les Souverains sont sûrs d'entraîner après eux tous les cœurs. L'avantage essentiel des Grands, est de pouvoir faire seuls plus de bien que tous les autres ensemble. Il n'est point de vraie grandeur qui ne soit bienfaisante; comme il n'est point de vraie amitié qui ne se communique. Néanmoins il y en a qui ne sçavent ce que c'est que de faire du bien; & cela, non point parce qu'il leur en coûteroit, mais par un mauvais caractere : caractere tout opposé à l'esprit du Seigneur qui aime à répandre ses biens sur nous.

MAXIME XXXIII.

Sçavoir se soustraire au-dehors.

C'Est un grand art que celui de sçavoir refuser : & c'en est un plus grand de sçavoir se refuser à soi-même, aux affaires, aux personnes. Il y a des occupations à nous étrangeres, qui emportent un temps précieux : s'occuper ainsi mal-à-props, c'est pis que de ne rien faire. Ce n'est pas assés à un homme sage de ne se point ingerer dans les affaires d'autrui ; il faut encore qu'il fasse ensorte qu'on ne l'y mêle point. On ne doit pas être tellement à tous que l'on ne soit aussi pour soi : on ne doit pas non plus importuner ses amis, ni exiger d'eux au-delà de ce qu'ils veulent bien accorder. Tout excès est vicieux, & beaucoup plus dans la societé civile : en gardant un juste milieu, on se conserve mieux l'affection & l'estime de tout le monde ; & les régles de la plus délicate bienséance ne sont jamais violées. Que l'on se mette donc dans une heureuse liberté de genie qui se porte au plus convenable ; & que l'on n'agisse jamais contre le témoignage de son bon goût.

MAXIME XXXIV.

Connoître sa bonne qualité dominante.

CEtte connoissance est essentielle; afin de cultiver en soi l'excellent, ou d'y perfectionner le médiocre. Plusieurs se seroient distinguez en quelque genre, s'ils avoient connu à quoi ils étoient propres. Que chacun étudie son principal attribut: ceux-ci excellent pour le conseil & le cabinet; ceux-là pour la guerre. La plûpart forcent leur genie; aussi ne sont-ils en rien au dessus du commun; une longue suite d'anées suffit à peine pour reconnoître la flateuse imposture que fait d'abord ici la passion.

MAXIME XXXV.

Penser, & encore plus à ce qui importe davantage.

Tous les étourdis se perdent sans y penser : comme ils n'apperçoivent jamais la moitié des choses, ils n'en voyent ni l'avantage, ni le préjudice ; & ainsi ils ne s'en embarrassent point. Quelques-uns pensent toûjours de travers ; ils comptent pour beaucoup ce qui importe peu, & pour peu ce qui importe beaucoup... Manque d'esprit, plusieurs vivent sans penser.... Il y a des choses que l'on devroit observer avec toute l'application imaginable, & conserver profondément gravées dans son esprit. Le sage pense à tout avec une attention néanmoins proportionnée au merite de l'objet; il creuse où il y a du fond, & de

la

difficulté ; il pense même quelquefois qu'il y en a plus qu'il ne pense ; & alors ses réflexions sont égales à ses craintes.

MAXIME XXXVI.

Avoir observé le caractere de sa fortune.

POur se conduire sagement, la connoissance experimentale de sa fortune est encore plus importante, que celle de sa complexion, pour conserver sa santé. Ce seroit une folie d'attendre à quarante ans pour consulter sur son temperament un Hypocrate ; & c'en seroit une plus grande d'attendre au même âge, pour apprendre d'un Seneque à se comporter en homme sage. C'est un grand art de sçavoir entrer dans le genie de sa fortune : tantôt on l'attend ; parce qu'il lui plaît d'être attendue, tantôt on fait des avances ;

parce qu'elle a ses momens. Car, de garder avec elle une conduite uniforme, c'est ce qui ne se peut; vû qu'elle est la bizarrerie-même. Que ceux qui l'ont éprouvée favorable, profitent avec confiance de toutes les occasions d'en obtenir de nouvelles graces : elle aime ordinairement les hommes hardis, aussi bien que les jeunes gens. Que ceux au contraire qui sont malheureux prennent pour lors le parti de la retraite : qu'ils ne s'exposent pas au nouveau chagrin d'être encore maltraitez à la vûe d'un concurrent qui les efface.

MAXIME XXXVII.

Comprendre & sçavoir mettre à profit certains petits mots jettez comme au hazard.

C'Est ici le point le plus délicat du commerce avec les

hommes. Les petits mots dont il s'agit se glissent dans l'entretien, pour pressentir les cœurs de la maniere la plus couverte & la plus subtile. Les uns malins sont comme des traits empoisonnez par l'envie & par la fureur : traits presque imperceptibles, capables de culbuter un homme en faveur, & de le perdre de réputation. Plusieurs en effet, frappez d'un seul de ces coups le plus legerement portés, sont déchus de la confiance du Souverain, ou de son Ministre ; tandis que les murmures de tout un peuple conjuré, ou la haine violente d'un particulier n'avoient pû leur donner la moindre atteinte. Il est une autre espece de ces petits mots en apparence jettez : & ceux-ci contraires aux premiers, n'offrent rien que d'obligeant ; c'est pour appuier, pour confirmer le merite : cependant la précaution, à y compter, doit être égale à l'intention fine de celui qui les infinue: car la feureté confifte à la bien comprendre cette intention: un coup prévenu eft un coup manqué.

MAXIME XXXVIII.

Sçavoir se retirer sur ses avantages avec la fortune.

Telle eft la conduite des gens habiles dans l'art de conferver leur réputation acquife. Une belle retraite à la guerre eft auffi importante qu'une fiere attaque. Après plufieurs actions éclatantes par lefquelles on s'eft affez fignalé, il eft de la prudence d'en mettre en feureté la gloire. Une profperité fuivie eft fufpecte, interrompue par quelques traverfes qui ne font même qu'en rendre le retour plus agréable, elle eft moins à craindre. Des fuccés accumulez les uns fur les autres doivent faire apprehender d'autant plus un revers, que la chûte feroit proportionnée à l'élevation. Souvent le peu de durée de la profperité eft une compenfation de fa grandeur. La fortune fe laffe d'élever toujours en honneur la même perfonne.

MAXIME XXXIX.

Connoître la perfection, la maturité des chofes.

LEs ouvrages de la nature arrivent par degrez au point de perfection qui leur convient, & perdent par degrez cette même perfection après y être parvenus. Dans les ouvrages de l'art, il n'en eft gueres de fi parfaits qu'ils ne puiffent le devenir encore plus. C'eft par un grand fonds de difcernement que l'on connoît la perfection de chaque chofe ; tous ne l'ont pas cet heureux fonds;

& ceux qui l'ont ne sçavent pas toujours en faire usage. L'esprit humain a aussi ses fruits qui viennent successivement à leur point de maturité propre : il importe de la connoître cette maturité; afin de l'estimer, & de travailler à y parvenir.

MAXIME XL.

L'affection de tout le monde.

C'Est beaucoup que d'être universellement estimé; mais être universellement aimé, c'est encore plus. Dans l'affection générale, le bonheur y entre pour quelque chose ; & l'industrie pour davantage : l'un commence l'ouvrage, & l'autre l'achéve : pour cela, les qualitez éminentes ne suffisent pas, quoiqu'elles y soient necessaires, & que l'esprit favorablement prévenu dispose le cœur à le suivre. L'affection se gagne par la liberalité, par des paroles obligeantes, & par des effets encore plus gracieux : il faut aimer & témoigner que l'on aime pour être aimé. Dans les Grands l'affabilité bienfaisante est un charme puissant dont on ne sçauroit se défendre : mais ceux que leur politique doit caresser & gratifier par dessus les autres, ce sont les célébres Ecrivains : c'est aux Heros à se distinguer par des hauts faits ; & c'est à la plume des Auteurs qu'il appartient d'éterniser ces hauts faits.

MAXIME XLI.

N'éxagerer jamais.

UN homme sage ne donne point dans l'exagération, soit pour ne s'exposer pas à blesser la verité, soit pour ne pas deshonorer sa sagesse. Les exagerations en matieres d'éloges, sont comme des profusions mal-entendues : preuves d'un manque de jugement & de goût. La louange picque vivement la curiosité ; & après le panegyrique, si le merite vanté se trouve au dessous, comme c'est l'ordinaire, l'indignation d'avoir été trompé retombe sur le panégyriste & sur le heros, dont un égal mépris devient le partage. Les hommes judicieux ont de la retenue sur cet article ; & ils aiment encore mieux n'en pas dire assez que d'en trop dire. L'excellent en quelque chose est rare ; il faut mesurer notre estime sur le pied de cette rareté : sans cela l'on perd la réputation d'homme de goût, & celle d'homme sensé, laquelle est encore plus précieuse. L'éxageration enfin est une espece de mensonge.

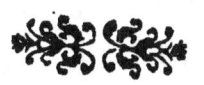

MAXIME

MAXIME XLII.

L'Ascendant naturel.

CEt ascendant a sa racine dans je ne sçais quelle force secrete d'empire sur les autres, dans je ne sçais quel fonds de souveraineté naturelle; & non point dans une affectation qui choque. A cet ascendant on s'y soumet sans réfléchir comment; on sent seulement le pouvoir secret d'une autorité naturelle sur soi. Un homme né avec ce merite est par-là ce qu'est un Roi par sa dignité, il est parmi nous ce qu'est parmi ses semblables le lion, à qui un privilege de la nature donne l'empire sur eux: il maîtrise les cœurs & les esprits par le respect qu'il leur impose: s'il joint les grandes qualitez à cet ascendant, il est de ces personnages nez pour être à la tête du Gouvernement; parce

L

que d'une seule parole ils terminent plus d'affaires que les autres par tous leurs longs raisonnemens.

MAXIME XLIII.

Penser comme le petit nombre, & parler comme la multitude.

IL est aussi impossible de réussir à détromper la multitude, qu'il peut être dangereux de le tenter : il n'y auroit qu'un Socrate qui osât courir les risques d'une pareille entreprise. Contredire, c'est dans l'opinion commune, faire un affront au jugement d'autrui, c'est le condamner. Les gens offensez se multiplient, à mesure qu'une chose est déja applaudie, ou une autre déja improuvée: c'est la multitude qui prend parti pour le faux, & le petit nombre qui tient pour le vrai. Cependant il ne faut pas condamner le sage, si dans l'occasion il parle le langage du commun ; il en défaproûve au fond la folie ; & il n'eſt alors que comme l'écho qui rend ſeulement le ſon de la voix. Il évite également de contredire & d'être contredit : quoique vif à la critique, parce qu'il eſt éclairé, il ſe garde bien de déclarer ce qu'il penſe : les opinions ſur les choſes humaines ſont libres ; on ne peut ni on ne doit les violenter : le ſage les garde ſous ſilence, ou s'il en dit ſon ſentiment, ce n'eſt qu'avec très-peu de gens, & de gens ſages comme lui.

MAXIME XLIV.

La ſympathie avec les Grands-hommes.

C'Eſt une qualité de Heros que la ſympathie avec les Heros : cette convenance intime & avantageuſe eſt une énigme de la nature que l'on n'a point encore expliquée : on peut dire qu'elle est comme une affinité, comme une parenté des cœurs & des genies : quant à ses effets l'ignorance vulgaire les nomme des enchantemens. La sympathie ne se borne pas à l'estime, elle passe à la bienveillance, à l'affection : elle persuade sans le secours de la parole ; & elle obtient des graces sans titre de merite. Il y a la sympathie que nous sentons pour les personnes, & la sympathie que l'on sent pour nous : toutes les deux sont heureuses, à mesure qu'elles sont nobles ; sçavoir les discerner & les mettre en œuvre, c'est le fruit d'une grande dexterité. Il n'est point de concurrent qui sans cette faveur secrete de la sympathie puisse l'emporter sur celui qui l'a.

MAXIME XLV.

Faire ses reflexions, sans les pousser trop loin.

IL ne faut point être outré dans ses reflexions; & bien moins encore laisser appercevoir qu'on les fait. Tout art doit être caché, parce qu'il est suspect; & la précaution beaucoup plus, parce qu'elle est odieuse. L'imposture est aujourd'hui d'un usage bien étendu; que la vigilance y soit proportionnée, mais sans être apperçûe; autrement c'est faire soupçonner que nous nous défions; cette défiance est une injure, une injure porte à la vengeance, & la vengeance excite au mal qu'on n'avoit pas eu la pensée de nous faire. La reflexion dans la conduite ordinaire est une grande avance pour la conduite dans les affaires : elle est la plus évidente preuve d'un bon sens. La réussite parfaite des entreprises dépend de l'esprit réflexif, qui s'en rend maître pour les executer.

MAXIME XLVI.

Se corriger de son Antipathie.

Nous haïssons assez ordinairement sans sçavoir pourquoi, sans connoître ni les mauvaises ni les bonnes qualitez d'une personne. Quelquefois cette aversion naturelle, mais aveugle ose bien se porter à des hommes extraordinaires. C'est à la raison de corriger une passion qui la deshonore : est-il rien de plus injuste que d'avoir en horreur ceux qui font la gloire de l'humanité ? Autant qu'il est beau d'avoir de la sympathie avec les grands-hommes, autant est-il honteux d'avoir pour eux de l'antipathie.

MAXIME XLVII.

Eviter les engagemens.

C'Est un des premiers principes de la prudence de ne se pas aisément lier par des engagemens. Dans les grandes affaires une grande distance sépare le commencement de la fin ; il y a du chemin à faire pour arriver de l'un à l'autre ; le sage qui observe en tout un milieu ne franchit ici le pas qu'avec beaucoup de lenteur ; car il est plus facile d'éluder l'occasion que d'en bien sortir. Les occasions sont des tentations contre le bon sens ; il est plus sûr de les fuir que de les affronter. Un engagement en attire un autre plus considerable ; & l'on se trouve insensiblement tout proche du précipice. Il y a des gens *d'occasion* pour le dire ainsi, qui sont faciles aux engagemens ; soit par leur caractere particulier, soit par le genie propre de leur nation. Mais celui qui suit la lumiére de la raison, n'abandonne rien au hazard ; il voit plus de gloire à ne pas risquer qu'à vaincre ; & s'il y a quelque imprudent qui se soit engagé dans une affaire, il sçait se dispenser de l'y servir de second.

MAXIME XLVIII.

On est ou plus, ou moins homme, à mesure que l'on a de fonds.

LE fonds à quelque degré qu'il soit doit être estimé le double de tout l'exterieur ensemble. Combien de gens n'ont qu'une belle représentation ? c'est comme ces édifices qui restent, parce que les fonds ont manqué ; la façade est d'un palais, & les dedans sont d'une chaumiere. Avec des gens de cette espece on ne sçait à quel sujet d'entretien s'arrêter ;

où plûtôt tout leur discours est comme un *arrêté* pour eux : les premiers complimens finis, la conversation finit exactement. Ils débutent par le manége des civilitez établies ; ainsi que les chevaux Siciliens commencent par les caracoles ausquelles on les a dressez : après quoi ils se renferment dans un profond silence : Lorsque le fonds d'esprit manque, le discours est bientôt épuisé. Ces personnages imposent à d'autres qui sont aussi superficiels qu'eux ; mais ils n'imposent pas à ceux qui examinent le dedans ; qui les trouvent vuides, & propres à être la fable des sages.

MAXIME XLIX.

L'homme judicieux & critique.

UN homme avec ces qualitez se rend maître des objets, & n'en est jamais dépendant : il entre d'abord dans le caractere le plus profond ; & il en sçait faire la plus exacte anatomie : une entrevûe lui suffit pour comprendre son homme à fond. Esprit à réflexions peu connues, il démêle les ressorts du cœur le plus fermé : il observe avec vivacité ; il connoît avec subtilité ; il tire des conséquences avec justesse ; il s'apperçoit de tout, il saisit tout, il penetre tout.

MAXIME L.

Se respecter soi-même.

IL faut être en son particulier dans un état, où l'on n'ait pas lieu de rougir à ses propres yeux. L'homme de bien porte au-dedans de soi sa régle, qui est la vertu ; toûjours près de sa conscience, il en redoute le reproche plus que toutes les loix humaines : il s'interdit toute indécence, bien moins par la crainte que l'œil respectable d'autrui n'en soit témoin que par la crainte de blesser sa modestie. Quand on se respecte soi-même de la sorte, on n'a pas besoin du Pedagogue imaginaire de Seneque.

MAXIME LI.

L'homme de bon choix.

PResque tout dépend dans la vie de la science du choix ; & cette science dépend elle-même d'un grand jugement & d'un goût sûr : ni l'étude ni l'esprit ne suffisent seuls pour y parvenir. Il n'y a point de perfection pour un homme sans choix. La science du choix renferme un double avantage ; c'est de pouvoir choisir, & de choisir le meilleur. Il y a bien des gens d'un esprit vif, subtil, orné de belles connoissances, qui s'égarent & se perdent, dès qu'il est question de choisir : à en juger par leur conduite on diroit qu'ils affectent de se tromper ; ils saisissent toûjours le pire. C'est un don des plus précieux que d'être né avec les dispositions propres pour faire en tout un heureux choix.

MAXIME LII.

Ne se déconcerter jamais

Demeurer toûjours dans le même assiette, c'est la marque d'une extrême sagesse, la marque d'un homme extraordinaire, d'un cœur magnanime, d'une ame forte : car ces vertus ne sont pas aisées à ébranler. Les passions sont à l'égard de l'ame ce que sont les humeurs à l'égard du corps : si quelque passion se dérange, la raison en souffre ; & pour peu que ce leger dérangement paroisse au dehors la réputation est en danger. Commandons-nous tellement nous-mêmes, que dans la plus haute prosperité & dans l'excès de l'adversité l'on n'apperçoive en nous aucune alteration, & qu'on nous voye même avec étonnement superieurs à l'une & à l'autre fortune.

MAXIME LIII.

L'homme agissant & intelligent.

L'Activité execute promptement ce que l'intelligence a medité à loisir. La précipitation est le défaut des témeraires que rien n'arrête ; parce qu'ils ne connoissent point de dangers : le retardement est le défaut des sages, & naît en eux de trop de réflexions. L'entreprise la mieux concertée échouë quelquefois ; parce qu'il y a eu trop d'intervalle entre la méditation & l'action. La promptitude dans l'execution est comme la mere des bons succès. Alexandre ne reconnoissoit d'homme agissant que celui qui ne laissoit rien à faire pour le lendemain : & Auguste avoit pris pour sa devise : *Hâtez-vous lentement.*

MAXIME LIV.

Avoir de la fermeté à propos.

Lorsque le lion est mort, il n'y a pas jusqu'au lievre qui ne craint point de lui insulter. On ne se jouë pas à gens qui ont de la résolution. Si vous mollissez une foi, vous mollirez une seconde, une troisiéme fois ; ainsi jusqu'à la fin : la même difficulté qui se pouvoit vaincre d'abord ne fera que croître à la longue. La vigueur d'ame l'emporte sur la force du corps : elle est comme l'épée d'un homme brave, laquelle imprime du respect, parce qu'il sçait s'en servir au besoin... Le défaut de courage est beaucoup plus préjudiciable que le manque de santé : pour avoir manqué de courage, combien de gens avec de grandes qualitez ont vêcu comme morts à l'Etat, & ont fini ensevelis dans l'obscurité.. Le corps humain a des chairs & des os : que l'esprit soit & souple & ferme selon les occurrences. L'abeille avec son miel n'est pas sans son aiguillon : il ne faut pas n'avoir que de la douceur.

MAXIME LV.

L'homme qui sçait attendre.

Sans impatience & sans s'émouvoir, essuyer les longueurs fâcheuses d'une attente, c'est l'effort des grandes ames. Commencez par être maître de vous-même, & ensuite vous serez maître des autres. Pour arrriver au palais de l'*Occasion*, il faut aller par les vastes pleines du *Temps*. Une sage lenteur meurit les desseins, & produit les succès. La bequille du temps opére plus que la massuë acérée d'Hercule. *Dieu-meme ne saisit pas toûjours la verge pour châtier*; il attend le moment pour le faire. Ces paroles sont très-judicieuses : *Le temps & moi nous valons deux hommes*. La fortune de son côté récompense souvent avec usure ceux qui ont eu la constance de l'attendre.

MAXIME LVI.

L'homme à promptes & heureuses ressources.

CEs ressources viennent de je ne sçais quelle féconde sagacité que rien ne surprend, que rien n'embarrasse Quelques-uns pensent beaucoup, & après cela ils échoüent : d'autres réüssissent, & sans y avoir pensé d'avance. Il en est encore pour qui la réussite n'est jamais plus certaine que quand les choses sont plus embarrassées : ce sont des prodiges; toute affaire imprévûë leur devient un succès, & toute affaire meditée leur devient un écueil : ce qui ne se présente pas d'abord à leur esprit, ne s'y présentera jamais; l'heure est passée pour eux sans retour. Ces évenemens rapides nous frappent; parce qu'ils montrent une capacité extraordinaire, une pénétraton étonnante pour les moyens, & une conduite sage pour la fin.

MAXIME LVII.

Les gens qui pensent beaucoup sont plus sûrs, que ceux dont nous venons de parler.

UNe chose est assez-tôt faite, si elle est bien faite. Un ouvrage fait à la hâte se dément bientôt.. Ce qui doit passer à la postérité la plus reculée demanderoit un siécle de méditation & de travail: on ne s'attache qu'à la perfection; il n'y a que cela qui reste. L'immortalité est réservée à ce qui part d'un esprit solide & profond. Ce qui vaut beaucoup, coûte beaucoup. Le métal le plus précieux est le plus lent à se former.

MAXIME LVIII.

Menager son merite.

Comme on ne se sert pas de toutes ses forces en chaque rencontre; on ne montrera pas non plus indifferemment son habileté à tout le monde: l'on ne doit pas plus prodiguer son sçavoir que sa valeur. Le Fauconnier habile ne donne de la proye à l'oiseau qu'autant qu'il faut pour l'animer au vol. Que l'on ne cherche pas sans cesse à paroître ; l'admiration finiroit bientôt ; il faut avoir de quoi y fournir toûjours de plus en plus : en offrant ainsi chaque jour quelque chose de nouveau, l'idée que l'on a conçûë de nous se soûtient : & l'on ne parvient jamais à découvrir les bornes de notre capacité.

MAXIME LIX.

Issuë heureuse.

SI l'on entre dans le palais de la fortune par la porte de la joie, on en sort communément par la porte de la tristesse ; & si l'on y entre par la porte de la tristesse, on en sort communément par celle de la joie. Songeons plus à nous préparer d'abord une heureuse fin, qu'à écouter les applaudissemens donnez à la naissance de notre bonheur. C'est assez le partage des hommes fortunez de commencer avec succès leur carriere, & de la terminer d'une maniere tragique. Il ne s'agit pas d'entrer dans des fonctions éclatantes avec les acclamations du peuple (c'est ce qui ne manque gueres d'arriver) ; mais le point est d'en sortir avec les regrets de tout le monde : les hommes ainsi regrettés sont bien rares. Le bonheur n'accompagne jusqu'à la fin que le très-petit nombre. La fortune qui reçoit les gens avec un air si riant, lorsqu'ils entrent dans son palais, ne leur montre plus qu'un visage dédaigneux, lorsqu'ils en sortent.

MAXIME LX.

Le bon sens.

IL y a des gens qui naissent avec un fonds d'esprit sensé : cette heureuse naissance les porte de bonne-heure à la sagesse, & leur en épargne la moitié du chemin pour réussir dans le temps; la raison avec l'âge & avec l'experience croît & meurit en eux à sa derniere perfection; & ils parviennent à la plus haute sagesse. Ils ont en horreur tout caprice, toute saillie, comme des tentations contre la prudence, & principalement dans les affaires d'Etat, dont l'importance demande toutes les sûretez possibles: c'est à des hommes de cette trempe qu'il appartient d'en regler le timon, ou en effet, ou par leur conseil.

MAXIME LXI.

Exceller dans quelque chose de grand.

ENtre plusieurs perfections, il en faut une qui soit dans le Grand: or ne sçauroit être un Heros sans cette singularité du premier ordre. La mediocrité dans quelque espece que ce soit n'est point une matiere d'applaudissement. L'excellence en un genre noble separe du vulgaire, & éleve à l'attribut d'homme rare. Se distinguer dans * une profession basse, ce n'est gueres qu'être au dessus de rien : plus on y a de succès, & moins on y a d'honneur. La superiorité en des choses extraordinaires est comme un caractere de souveraineté qui éxige à la fois & l'admiration & l'affection.

MAXIME LXII.

Se servir de gens de merite.

ON met quelquefois la plus fine politique à n'employer que des gens sans merite : satisfaction dangereuse & digne d'être cherement payée. L'habileté du

* Ce sont les Saltinbanques & autres bouffons dont il est parlé dans le Heros.

Ministre ne diminue jamais la grandeur du Maître. Lorsque l'Hiſtoire parle d'un Soûverain, elle n'en partage point le regne avec ſes Miniſtres ; elle s'en tient à lui comme à la cauſe principale ; c'eſt lui qu'elle loüe ou qu'elle blâme, ſelon la gloire ou la honte de ſa conduite. Il ne ſçauroit donc s'appliquer trop à choiſir des ſujets auſquels l'immortalité de ſon nom eſt attachée.

MAXIME LXIII.

L'Avantage de la primauté.

Exceller en une choſe & y exceller le premier, c'eſt un double merite. La primauté eſt un grand avantage au jeu ; on y gagne alors à cartes égales. Pluſieurs auroient été les Phœnix de leur profeſſion, s'ils n'y avoient pas eu des devanciers. Les premiers venus partagez en aînez, joüissent paisiblement d'une ample mesure de gloire; les autres traitez en cadets, n'en ont qu'une petite portion, encore leur est-elle contestée: ils ont beau travailler & süer; ils ne peuvent détruire le prejugé vulgaire qu'ils ne sont que des copies. Les genies extraordinaires ont toujours ambitionné de s'ouvrir une nouvelle route à la gloire; mais de sorte que le choix & la conduite de leur dessein en assûrassent le succès: & la nouveauté de leur merite les a marquez en effet au coin des Heros. Plusieurs ont mieux aimé réüssir à être les premiers dans un genre inferieur, que de se voir les seconds dans un genre superieur.

MAXIME LXIV

Sçavoir éluder les chagrins.

UNe certaine prudence pratique nous sauve bien des déplaisirs: cette prudence est comme la garde de notre repos: c'est elle qui nous ferme la bouche sur les évenemens fâcheux, & qui nous y ferme encore plus les oreilles; à moins qu'il ne s'agisse de remedier à un mal. Comme il y en a qui ne se plaisent qu'à entendre des choses agréables, il y en a qui ne se plaisent au contraire qu'à en entendre de tristes. Tel ne pourroit vivre un seul jour sans quelque chagrin : ainsi que Mithridate ne se coucha jamais sans avoir pris du poison... Une autre conduite opposée à la prudence & à la justice que l'on se doit à soi-même, c'est de s'exposer à passer sa vie dans la tristesse, pour faire une fois plaisir à autrui. On ne doit jamais troubler son propre bonheur pour complaire à un homme qui conseille une chose, & qui ne veut y rien mettre du sien. En un mot dans toute alternative ou de plaire à quelqu'un, ou de nous attirer un déplaisir mortel & sans ressource, il est juste que notre propre bien ait la préference.

MAXIME LXV.

Le goût exquis.

LE goût aussi-bien que l'esprit se perfectionne, à mesure qu'on le cultive. Un esprit excellent éleve le goût; & ensuite vient le bonheur d'avoir celui-ci à proportion de l'autre. Le fonds de l'homme se déclare par son goût. Pour contenter un goût étendu, il faut de vastes objets. Les vûes sublimes sont pour un genie sublime : de même que les grands repas sont pour un large estomac. Un excellent goût est redoutable aux meilleures choses; les perfections mêmes les plus assurées perdent devant lui leur confiance. . Que l'on soit extrêmement avare de son estime ; parce que le premier ordre est très-rare. . Le goût se communique par le commerce de la vie , & à la longue on y acquiert enfin celui d'autrui. Heureux ceux qui sont en societé avec des gens d'un goût parfait ! Cependant il ne faut pas s'ériger en homme qui desaprouve tout; ce seroit donner dans une extrêmité insensée ; ce seroit une affectation plus odieuse que l'excès même du mauvais goût *n'est méprisable.* Il en est qui voudroient , ce semble , que Dieu créât un autre univers , & d'autres perfections ; afin de contenter leur bizarrerie & leur extravagance.

MAXIME LXVI.

Attention à ce que les choses réüssissent bien.

Quelques-uns sont plus attentifs à observer ponctuellement les moyens qu'à parvenir heureusement à la fin. Cependant tous nos soins ne prévalent point contre le décri qu'entraîne après elle une malheureuse issüe. Le vainqueur n'a point de compte à rendre de sa conduite. C'est l'évenement qui frappe la plûpart des hommes, & non le projet, quelque forme réguliere qu'on y ait donnée: aussi la réputation ne reçoit-elle nulle atteinte, pourvû qu'on parvienne à sa fin, y eût-on employé les moyens les plus contraires. C'est un art de sçavoir agir contre les régles mêmes de l'art; lorsqu'il n'est pas possible de réüssir autrement.

MAXIME LXVII.

Préferer les emplois publics aux autres.

LA plûpart des choses dépendent du goût d'autrui. L'estime des hommes est pour les belles qualitez ce que le zephyre est pour les fleurs, l'ame & la vie. Il y a des emplois ausquels un applaudissement general est préparé, & il y en a d'autres ausquels on ne fait nulle attention, quoiqu'ils soient plus considerables; ceux-là s'attirent une bienveillance universelle, parce qu'ils s'exercent à la vûe de tout le monde; ceux-ci, bien qu'ils ayent quelque chose de plus extraordinaire, & de plus unique demeurent dans une espece d'obscurité, révérez pourtant, mais non point applaudis. Entre les Princes, les plus fameux sont les guerriers: c'est par les qualités de Victorieux, de Conquerans, de Magnanimes, que les Rois d'Arragon se sont rendus si célebres. Qu'un homme donc qui a un grand merite choisisse un genre de métier plausible, qui frappe, qui intéresse le Public : & un suffrage general immortalisera son nom.

MAXIME LXVIII.

Faire entendre est bien autre chose que de faire ressouvenir.

L'Un & l'autre ont leur temps ; il faut tantôt faire entendre & tantôt faire ressouvenir. Quelques-uns, parce qu'ils n'y pensent point, ne font pas certaines choses qui seroient excellentes : qu'un avertissement honnête les mette alors sur les voies, pour comprendre eux-mêmes ce qui convient. C'est une grande perfection de l'esprit que d'être présent à tout ce qui est de conséquence : combien de succès manquez sans cela ! Que ceux qui ont ce talent en fassent part avec discretion ; & que ceux qui ne l'ont pas en recherchent avec soin le secours : les premiers indiqueront seulement la chose, quand il s'agira de leur propre utilité, le pas est ici très-glissant : si cet essai ne suffit pas, ils avanceront : puisqu'ils ont déja l'avantage de n'être point refusez, il faut qu'ils poursuivent avec dexterité un consentement. On n'obtient rien, quand on ne tente rien.

MAXIME LXIX.

N'être point dépendant de l'humeur.

LE grand homme que celui qui s'éleve au-dessus des impressions étrangeres à la raison ! La réflexion sur nous-mêmes, leçon de la sagesse, nous fait connoître notre disposition présente, nous la fait prévenir, nous fait passer d'une extrêmité à l'autre pour saisir le point précis de la raison entre le penchant naturel & l'industrie qui le corrrige. Ainsi la connoissance réflechie de soi-même est comme un premier principe necessaire pour se réformer. Il y a des monstres de bizarreries qui ont toûjours de l'humeur, qui reçoivent toutes sortes de situations au-dedans selon que leur humeur varie, & qui tombent en mille contraditions avec eux-mêmes. Cette espece de maladie populaire attaque & le cœur & l'esprit tout ensemble.

MAXIME LXX.

Sçavoir refuser.

IL ne faut pas tout accorder, ni accorder à tout le monde. Il n'importe pas moins de sçavoir faire un refus, que de sçavoir faire une grace; & cela par rapport surtout à ceux qui sont éclairez au-dessus des autres; il s'agit pour eux de la maniere; elle demande toute leur attention. On aime quelquefois mieux un *Non* qu'un *Oui* : un *Non* assaisonné contente plus certains caracteres qu'un *Oui* sec. Il y a bien des gens qui ont toûjours dans la bouche, non; non est toûjours la premiere réponse à ce qu'on leur demande : quoiqu'ils accordent après cela on ne leur en a point d'obligation, à cause du désagrément que l'on a d'abord essuyé. Il ne faut point brusquer un refus, mais disposer peu à peu à ne rien prétendre : il ne faut pas non plus refuser tout ; ce seroit soustraire les gens à la dépendance. Qu'on laisse toûjours quelque esperance pour l'avenir, laquelle adoucisse la tristesse d'un refus : que l'on substitue une maniere honnête à la place de la chose que l'on n'accorde pas ; & que de bonnes paroles suppléent au défaut des effets. Un *Oui* ou un *Non*, sont bientôt dits ; mais on doit bien y penser avant que de les dire.

MAXIME LXXI.

N'être point inégal.

L'Homme sage n'est inégal ni par caractere, ni par affectation : il demeure toûjours le même à l'égard de l'excellent ; ce qui est la gloire du bon esprit ; lorsqu'il change, c'est que les choses elles-mêmes, & les merites changent : en matiere de sagesse toute variation est honteuse.. On en voit qui chaque jour sont differens d'eux-mêmes par rapport à la maniere de penser, encore plus par rapport aux affections, & à la fortune même : ce qui étoit hier l'objet de leur amitié ou de leur estime, est aujourd'hui l'objet de leur aversion ou de leur mépris : ils démentent sans cesse leur propre réputation, & font varier sans cesse sur l'idée que l'on a d'eux.

MAXIME LXXII.

L'homme de résolution.

UN mauvais succès a des suites moins fâcheuses que l'irrésolution. Combien de choses se gâtent moins lorsqu'on s'en sert, que si l'on n'en faisoit nul usage ?.. Il y a des caracteres tellement indécis qu'ils resteroient toûjours en suspens, s'ils ne recevoient le mouvement d'autrui pour agir : & quelquefois ce défaut n'a pas tant sa source dans la perplexité d'esprit que dans la paresse ; vû qu'il subsiste avec des lumieres très-sûres. Il est d'un homme judicieux de se représenter les difficultez ; mais il est encore plus digne de lui de les résoudre & de les franchir. Il s'en trouve d'autres que rien n'arrête, genies vastes & décisifs qui sont nez pour les premiers emplois : leur pénétration agissante leur facilite à la fois le projet & l'execution : toutes les affaires qui leur viennent sont autant d'affaires terminées. L'un de ces hommes, après avoir conquis un monde entier, trouvoit du temps de reste pour en conquerir un nouveau. Lorsque l'on a des gages de son bonheur, on hazarde avec plus de confiance.

MAXIME LXXIII.

Sçavoir user de défaites.

C'Eſt ici l'art propre des eſprits déliez : pour ſe ſauver du plus mauvais pas, il ne leur en coûte qu'une mot de politeſſe ; pour ſe tirer legerement de preſſe dans une conteſtation la plus embarraſſante, il ne leur en coûte qu'un ſouris gracieux. C'eſt ce même art qui faiſoit en partie le merite de l'un de nos plus grands Capitaines.. Une maniere honnête de prendre la negative eſt d'en changer l'expreſſion ; & l'on doit être extrêmement attentif à ne ſe pas faire alors trop entendre.

MAXIME LXXIV.

N'être point intraitable.

C'Est au milieu même du plus grand monde que se trouvent les vrais bêtes feroces. Etre intraitable, c'est le vice de ceux qui se méconnoissent ; parce que les honneurs ont changé leurs mœurs. Ce n'est pas un bon moyen pour s'attirer l'estime que de commencer par morguer le genre humain. Quel spectacle de voir ces personnages intraitables affecter aussi constamment qu'insolemment un air farouche ! Ceux qui sont assez malheureux pour en dépendre, se présentent à eux avec le même tremblement & la même précaution que s'ils avoient à lutter contre des tigres ; ces gens-là pour parvenir rampoient devant tout le monde ; & ils veulent se relever de ces bassesses en humiliant tout le monde : ils font dans un poste qui les consacre au Public ; & il n'y a personne qu'ils ne rebuttent par leur rudesse & par leur arrogance : la punition qu'ils reçoivent des courtisans est de les laisser tels qu'ils sont, & de n'avoir point avec eux un commerce qui pourroit les rendre sages.

MAXIME LXXV.

Se choisir quelque Heros pour l'émulation plûtôt que pour l'imitation.

IL y a des exemples d'heroïsme, qui sont comme les textes vivans & animez de la gloire. Que chacun dans sa condition se propose ceux qui s'y sont le plus distinguez, & s'attache moins à les suivre qu'à les surpasser. Alexandre versa des larmes, non point sur Achille au tombeau, mais sur lui-même, qui ne faisoit que de commencer à paroître dans la carriere. Rien ne donne plus d'émulation que la renommée éclatante d'un grand homme; le même qui consterne l'envie, anime la noblesse d'ame.

MAXIME LXXVI.

N'être pas toûjours sur le ton plaisant.

LE serieux est une marque de prudence; aussi l'estime-t'on plus dans le fond que le plaisant. Quiconque plaisante toûjours, n'est jamais veritablement un homme. Les plaisans par état sont pour le commerce de la vie, comme les menteurs de profession : la plaisanterie continuelle de ceux-là nous les rend aussi suspects que l'habitude du mensonge dans ceux-ci. On ne sçait jamais

mais quand les premiers parlent avec jugement; & c'est comme s'ils n'en avoient point du tout. Il n'est rien de plus déplaisant qu'un plaisant éternel. Il y en a d'autres qui se font la réputation de diseurs de jolies choses; & ils perdent celle d'être des hommes judicieux. Sans doute que l'agréable a ses momens; mais le temps, on doit le donner au serieux.

MAXIME LXXVII.

Sçavoir se prêter à tous.

LE sage Protée que l'homme qui sçait être sçavant avec le sçavant, serieux avec le serieux, saint avec le saint, ignorant avec l'ignorant! On gagne ainsi tout le monde; parce que la ressemblance concilie la bienveillance. Observer les divers caracteres & se proportionner à chacun d'eux en particulier, est une sorte de metamorphose politique, necessaire à ceux qui dépendent d'autrui : cette finesse de conduite demande un grand fonds : elle n'est pas fort difficile à l'homme d'un esprit universel par rapport au sçavoir, & d'un genie rare par rapport au discernement des goûts.

MAXIME LXXVIII.

Sonder le gué avec art.

LEs étourdis s'engagent toûjours sans hesiter; parce qu'ils sont tous entreprenans. La même étourderie qui leur ôte d'abord la réflexion sur les obstacles, leur ferme ensuite les yeux sur leurs propres fautes. Mais les gens avisez n'entrent dans une affaire qu'à pas comptez, pour le dire ainsi : leurs guides sont l'attention & la précaution, qui vont comme à la découverte, afin que l'on avance sans péril. La sagesse condamne toute hardieſſe qu'un précipice menace ; bien que celle-ci ſoit quelquefois juſtifiée par un ſuccès heureux. On doit aller bride en main ; lorſqu'on ſupçonne que le gué eſt profond. C'eſt à la ſagicité d'eſſayer, & à la prudence d'avancer. Le commerce du monde eſt aujourd'hui plein d'écüeils, il faut s'y conduire la ſonde toujours à la main.

MAXIME LXXIX.

L'humeur gaye.

CE caractere n'eſt point un défaut, il eſt au contraire une perfection, pourvû qu'on ne le pouſſe pas trop loin. Un grain de bonne plaiſanterie eſt un aſſaiſonnement à tout. Les plus grands hommes-mêmes ſe permettent à un certain enjoüement, qui leur concilie l'affection de tout le monde ; mais ils y obſervent toujours les regles de la sagesse, & les bienseances de leur rang.. Il en est d'autres qui sçavent se tirer d'embaras par une plaisanterie gracieuse : il y a mille choses qui doivent être prises en riant, quoi-qu'elles nous soient dites d'un ton le plus serieux. L'esprit pacifique est l'aiman des cœurs.

MAXIME LXXX.

Etre attentif à s'informer des choses.

LA plus grande partie de la vie roule sur ce que l'on entend dire ; & la moindre sur ce que l'on voit soi-même. En mille rencontres on ne se conduit que sur la foi d'autrui. L'oüie est comme la porte par où entre la verité ; mais toujours le mensonge avant elle. Que l'on voye la verité, c'est l'ordinaire ; mais qu'on l'entende, c'est ce qui n'arrive presque point : il est rare, & encore plus quand elle vient de loin, qu'elle parvienne jusqu'à nous toute pure ; elle contracte toujours quelque chose des affections differentes par où elle passe : la passion tantôt favorable, tantôt contraire, donne ses couleurs à tout ce qu'elle manie ; elle ne songe qu'à mettre dans autrui sa propre disposition, toujours extréme pour la personne qu'elle loüe, mais encore plus pour celui qu'elle blâme. Toute l'attention est ici necessaire pour découvrir l'intention de l'homme qui nous parle, en observant d'abord de quelle maniere il a debuté : ensuite la reflexion differencie le vrai du faux.

MAXIME LXXXI.

Renouveller de temps en temps sa réputation.

C'Est un privilege du Phœnix de renaître..Le merite vieillit ordinairement, & avec lui la réputation; l'habitude de le voir en diminue l'admiration peu à peu. Un nouveau merite, quoique mediocre prévaut à un éminent qui commence à vieillir. Il faut donc renaître à sa valeur, à son talent personnel, à ses succès, & diversifier tout cela de tems en tems. Ainsi le soleil varie sa carriere; tantôt il se montre, & son aspect se fait admirer; tantôt il se cache, & son absence le fait souhaiter.

MAXIME LXXXII.

Ne rafiner jamais, ni sur le bien, ni sur le mal.

UN sage de l'antiquité réduisoit la sagesse à la moderation en tout. Une justice trop rigoureuse devient injuste : Une orange trop pressée, devient amere : Un plaisir outré n'est plus un plaisir : Un esprit même qui subtilise trop, s'évapore : Quand on veut tirer trop de lait le sang vient.

MAXIME LXXXIII.

* *Se (prêter à) quelque legere imperfection.*

UNe negligence est quelquefois un grand relief aux bel-

---

* Il ne s'agit ici que des Ouvrages d'esprit : sans cela Gracien se contrediroit. *V. le 19. ch. du Heros.*

les qualitez. L'envie a son Ostracisme d'autant plus commun, qu'il est plus inique : ce qui est le plus parfait elle le trouve defectueux, par la raison même qu'il est sans défaut ; & elle le condamne en tout, parce qu'il est parfait en tout : C'est un Argus pour découvrir dans le merite quelque tache qui lui tienne lieu de consolation. De même que la foudre tombe sur les hauts lieux, la censure donne sur le merite éminent. A l'exemple d'Homere ; que l'on *s'endorme quelquefois* ; c'est-à-dire, qu'on laisse échapper quelque negligence (jamais pourtant contre la raison ;) afin d'appaiser la mauvaise humeur de l'envie, & d'empêcher qu'elle ne répande sur vous tout son venin : c'est-là en effet comme lui jetter la cappe sur les yeux, pour mettre votre réputation à couvert de sa fureur.

MAXIME

MAXIME LXXXIV.

Sçavoir faire usage de ses ennemis.

IL faut sçavoir prendre chaque chose, & encore plus la haine jalouse, par le côté avantageux; ainsi que l'on prend une épée par la poignée pour s'en servir, & non par le tranchant qui blesseroit. A l'homme sage ses ennemis lui deviennent plus utiles, que ne le sont à l'insensé ses amis. La mauvaise volonté d'autrui fait souvent trouver faciles des obstacles, que la bienveillance feroit voir insurmontables. De combien de gens l'élevation n'a-t'elle pas été l'ouvrage de leurs ennemis? La haine est moins cruelle que la flatterie: celle-ci dissimule le mal; & l'autre avertit d'y apporter un reméde efficace. Le sage consulte la haine comme un miroir qui le représente plus fidélement que l'amitié; après quoi il se corrige de ses défauts, & les souftrait à la medisance. Car on doit user d'une circonspection extréme, lorsqu'on vit toujours exposé à des jaloux & à des ennemis.

MAXIME LXXXV.

Ne se point prodiguer.

C'Est la destinée des meilleures choses, que leur usage frequent se tourne à la fin en abus; à la place de l'empressement avec lequel on les recherchoit, succede un dégoût general pour elles. C'est un grand défaut de n'être bon à rien; & ce n'en est peut-être pas un moindre de se livrer à tout. On perd tout pour vouloir trop gagner; & l'on parvient à se faire fuir autant que l'on étoit auparavant recherché. Telle est la fin de toutes les belles qualitez lorsqu'on les prodigue; c'est qu'en tombant de l'estime attachée à la rareté, elles rentrent dans l'ordre méprisé des choses vulgaires. En tout ce qui est excellent, le point essentiel est de garder un milieu, par rapport à la montre ; que le fonds soit sans bornes, mais que l'usage en ait. Plus un flambeau répand de lumiere, & moins il dure. Ce que l'on retranche au dehors & à l'ostentation, est payé par des accroissemens d'estime.

MAXIME LXXXVI.

Se sauver du sobriquet & du lardon.

CE que l'on appelle en un mot *le Peuple* est un composé de bien des têtes, de plus d'yeux encore pour observer malignement, & d'un grand nombre de langues pour médire. Qu'un bruit désavantageux vienne à transpirer jusqu'à ces têtes-là, c'en est assez pour faire beaucoup de tort à un grand merite : & si ce bruit est suivi d'un sobriquet de leur façon, la réputation attaquée par-là ne s'en relevera jamais. Les occasions ordinaires de ces quolibets sont des manieres bizarres, des défauts visibles : matieres propres pour les caquêts du peuple. Il y a encore certains lardons qui passent de la jalousie de quelque particulier à la malignité du vulgaire; lequel est comme l'organe toujours prêt pour la médisance : un seul de ces mots piquants porte plus sûrement le coup mortel à la réputation, qu'une satire dans les formes. Il est tres-aisé d'avoir une mauvaise renommée, parce qu'on croit le mal très-aisément, & que l'idée ne s'en efface pas de même. Que l'homme sage oppose à l'insolente liberté du vulgaire une attention extrême à n'avoir rien de ridicule : il est plus facile de prévenir le mal, que d'y remedier.

MAXIME LXXXVII.

Le Sçavoir & la Politesse.

L'Homme naît ignorant & informe : la culture corrige en lui ces traits de ressemblance avec les bêtes : par-là il devient homme, & il le devient davantage à mesure qu'il est plus cultivé. La Gréce traitoit de barbares toutes les autres nations ; parce qu'elle les regardoit comme des peuples incultes. Il n'est rien en effet de plus grossier que l'ignorance. Le sçavoir contribue infiniment à civiliser l'homme ; mais il faut y joindre la politesse, sans quoi il laisseroit l'homme bien barbare. Et ce n'est pas assez que la politesse répande de l'agrément dans l'esprit ; elle doit aussi donner de la délicatesse dans les sentimens,

& de l'honnêteté dans tout ce qui est du commerce de la vie. Il y a des hommes naturellement polis par rapport à toutes les qualitez du dehors, lesquelles sont comme l'écorce, & par rapport à toutes les qualitez de l'ame, lesquelles sont comme les fruits de l'arbre. D'autres sont nez avec des qualitez bien contraires : non seulement tous leurs dehors, mais quelquefois aussi leurs talens rares ont un caractere de rudesse qui n'est pas supportable.

MAXIME LXXXVIII.

De la noblesse dans le procedé.

UN grand homme ne doit rien avoir de petit dans son procedé : il n'examine point tant les choses, & encore moins celles qui ne lui seroient pas agréables. Il est bon d'apercevoir tout comme par maniere d'acquit ;

mais il ne convient point de vouloir faire de sens froid une exacte analyse de tout. Dans la conduite ordinaire il faut en général une noble aisance, laquelle est comme une branche de la grandeur d'ame... Dissimuler est un grand point pour gouverner... Il faut passer mille choses à ses proches, à ses amis, & plus encore à ses ennemis. Toute minutie est insipide; mais dans un homme de condition, c'est une petitesse qui n'est pas tolerable. Il y a de la folie à revenir sans cesse à quelque chose qui nous aura deplû. Tels que sont l'esprit & le cœur dans chacun, tel est communément le procedé.

MAXIME LXXXIX.

Se connoître à fonds

Connoître son caractere d'esprit, son genie, ses raisonnemens, ses affections; c'est se connoître à fonds. Sans cette connoissance, on ne sçait point se commander. Il y a des miroirs pour le visage; mais il n'y en point pour l'ame : que la réflexion sur nous-mêmes soit notre miroir; & si nous nous oublions, ayons-y recours pour nous corriger, pour nous perfectionner.. Que l'on connoisse la portée de son intelligence & de sa pénetration pour entreprendre; & l'étendue de son activité pour l'execution. En un mot, que l'on étudie & que l'on sçache parfaitement la mesure de son propre fonds pour tout.

MAXIME XC.

Le moyen de vivre long-temps, c'est de bien vivre.

Deux choses terminent bientôt la vie ; sçavoir, la folie, & la débauche : les fous l'abrégent, parce qu'ils ne sçavent pas se ménager ; & les hommes corrompus, parce qu'ils ne le veulent pas faire. Le vice est lui-même son châtiment ; comme la vertu est elle-même sa récompense. Celui qui marche à grands pas dans les voies du vice meurt bientôt en deux manieres : celui qui marche à grands pas dans les voies de la vertu ne meurt point.. La santé de l'ame influe beaucoup sur celle du corps : & la vie de l'homme vertueux n'est pas seulement longue par le merite, elle l'est aussi par la durée du temps.

MAXIME XCI.

Agir toûjours avec assurance.

LA crainte du mauvais succès dans l'homme qui agit, en devient une preuve certaine par rapport à celui qui l'obferve, surtout fi c'eft un rival. Si la raifon mal affurée chancelle dans le feu même de l'action, revenuë enfuite au fens froid, elle doit fe juger coupable d'une imprudence manifefte. Il eft très-dangereux d'agir dans un doute raifonnable; & il feroit bien plus fûr de ne rien entreprendre. La fageffe n'admet point les vrai-femblances; elle ne marche jamais qu'accompagnée de toutes les lumieres de la raifon. Comment pourroit réuffir une entreprife condamnée par le doute, dès qu'on l'a conçue? Une affaire eftimée fûre au tribunal de la faine raifon ne laiffe pas d'échouer : que deviendra celle que la raison incertaine & perplexe à commencée, & dont le pressentiment n'augure pas bien ?

MAXIME XCII.

Le bon sens au souverain degré;
je dis en tout.

CEtte perfection est la premiere & la grande régle, soit pour agir, soit pour parler ; plus les emplois sont importans & élevez, plus elle est necessaire. Un grain de ce bon sens l'emporte sur toute la subtilité d'esprit : conduit par un tel guide, un homme fait sûrement son chemin, quoique ce ne soit pas avec tant d'éclat. La réputation de sage est le triomphe de la renommée. On se contentera bien d'avoir pour soi les sages, dont l'approbation est la pierre de touche pour toute sorte de conduite.

MAXIME XCIII.

L'homme univerſel.

RAſſembler en ſoi tout genre de perfections, c'eſt être un homme qui ſeul en vaut mille : s'il communique à ſes amis ce riche fonds, il contribue infiniment à leur bonheur : la varieté dans les perfections fait les délices de la ſocieté. Le grand art que celui de ſçavoir réünir en ſoi tout le bon! Puiſque l'homme par l'excellence de ſa nature eſt comme l'abregé des merveilles de ce monde; qu'il eſſaye de devenir par l'aſſiduité de ſon travail comme un petit univers de toutes les perfections de l'eſprit & du cœur.

MAXIME XCIV.

Etre impénetrable sur l'étendue de sa capacité.

UN homme habile ne doit point laisser voir le fonds de son merite, s'il veut qu'on l'admire toûjours. Qu'il se fasse connoître; mais qu'il ne permette pas qu'on le pénétre. Que qui que ce soit ne puisse assigner les bornes de sa capacité; sûrement on en rabbatroit beaucoup. Qu'il ne donne jamais la moindre occasion à personne de l'approfondir; car l'opinion du merite & l'incertitude de son étenduë causent plus d'admiration que s'il étoit mis sans réserve en évidence, quelque extraordinaire qu'il fût,

MAXIME XCV.

Sçavoir entretenir l'attente publique.

IL faut toûjours fournir à l'attente avantageuse des hommes : que le bon leur fasse esperer le meilleur ; & qu'une belle action leur en promette encore de plus grandes. On ne doit point étaler toute sa doctrine en une seule rencontre. C'est une grande habileté que de sçavoir ménager son fonds, en telle sorte qu'on y trouve toûjours au besoin de quoi s'acquiter envers l'attente publique.

MAXIME XCVI.

La conscience droite.

LA droiture de conscience est la gloire de la raison & la base de la prudence : lorſqu'on en écoute la voix il eſt facile de ne ſe point égarer : elle eſt un don du ciel, & un don infiniment eſtimable : elle eſt ſi neceſſaire à l'homme raiſonnable, que dans le manquement de tout autre choſe, rien d'eſſentiel avec elle ſeule ne lui manqueroit ; mais ce qu'il y a de moindre en lui on le conſidere davantage. La conſcience influe ſur toutes les actions de la vie ; & toutes en ſollicitent pour le dire ainſi, le ſuffrage ; parce qu'elles doivent être dans l'ordre.. La conſcience eſt une pente naturelle vers tout ce qui eſt conforme à la raiſon, vers tout ce qui eſt équitable & ſûr.

MAXIME XCVII.

Acquerir de la réputation & la soutenir.

SE maintenir dans sa réputation, c'en est comme l'usufruit. On ne l'acquiert pas à un haut point, sans qu'il en coûte beaucoup : elle éxige des qualités éminentes, qui sont aussi rares que les mediocres sont communes. Quand elle est une fois établie on s'y conserve avec plus de facilité : car quoiqu'elle oblige à beaucoup, elle fait encore davantage. Elle est une espece de souveraineté, lorsqu'elle parvient à être respectée par la Noblesse & par l'étenduë de son origine. Il n'est de réputation solide & vraye que celle qui s'est toûjours soutenue.

MAXIME XCVIII.

Mettre un sçeau sur son cœur.

LEs passions de l'homme sont comme les avenuës de son cœur : la science la plus utile dans l'usage est celle de cacher ces mêmes penchans. Celui qui ne prend pas garde à ne pas montrer son jeu, court fortune de perdre. Que la réserve de l'homme prudent le dispute à l'attention de celui qui l'étudie : qu'aux yeux des lynx, on oppose un triple voile sur son cœur. Que l'on ignore toûjours notre penchant ; de crainte qu'on ne s'en prévale, ou pour nous décrier, ou pour le flatter.

MAXIME XCIX.

La Réalité & l'Apparence.

Les choses ne passent point communément pour ce qu'elles sont, mais pour ce qu'elles paroissent. Très-peu de gens examinent le fonds ; & tous les autres s'en tiennent à la surface. Ce n'est pas assez d'avoir la raison de son côté ; si l'on a contre soi l'apparence d'une mauvaise intention.

MAXIME C.

Le Courtisan détrompé, Chrétien, sage.

Etre un Courtisan philosophe, mais ne le point paroître, encore moins l'affecter. La philosophie est dans le décri ; bien que philosopher soit le principal entretien des Sages. La science des gens de bien est communément abandonnée : Seneque l'introduisit dans Rome ; elle y subsista quelque temps à la Cour : & elle y passe aujourd'hui pour une folie. Quoi qu'il en soit, le mépris des choses frivoles est comme l'aliment de la vraie sagesse, & & les délices de la vertu.

MAXIME CI.

Une partie du monde se mocque de l'autre : folie des deux côtez.

TOut est bon ou mauvais, suivant les opinions. Ce que l'un recherche, l'autre le fuit. C'est une extrême folie de prétendre que notre idée particuliere soit la régle de tout. La perfection des choses ne dépend pas du suffrage d'un seul homme. Il y a autant de differens goûts que de visages differens. Il n'est point de défaut qui ne trouve des zelez défenseurs. Il ne faut pas perdre courage ; si les choses nous réüssissent mal, au gré de quelques gens ; d'autres sçauront les aprecier : mais, que l'estime de ceux-ci ne nous donne pas de la vanité ; d'autres nous condamneront. La vraie regle pour bien réüssir, c'est l'approbation des personnes qui sont estimées, & qui ont comme un droit acquis dans le même genre que le nôtre. Ce n'est point dans la vie qu'il n'y ait qu'un seul sentiment, qu'un seul usage, qu'un seul siecle.

MAXIME CII.

Un cœur capable de la plus vaste fortune.

COmme un grand tout est composé de grandes parties; le cœur dans le grand-homme doit être proportionné à ses autres qualitez extraordinaires : il n'est point enflé de ses succés ; parce qu'il en merite encore de plus grands. La cause d'une indigestion dans les uns, ne fait qu'exciter l'appetit dans les autres. La plûpart se trouvent surchargez de quelque importante fonction que ce soit: leur genie étroit n'est point accoutumé, n'est point propre aux emplois superieurs ; le tumulte des affaires & du monde les embarasse ; les vapeurs de la vaine gloire leur montent à la tête & les étourdissent, comme des gens en un lieu trop élevé : ils ne sçauroient plus enfin se soutenir, parce qu'ils ne peuvent soutenir leur destinée. Que le grand-homme montre qu'il est toûjours capable de plus grandes choses ; & qu'il évite avec un soin extréme le moindre indice d'un cœur borné.

MAXIME CIII.

Avoir de la dignité selon son état.

Que tout votre procedé soit digne d'un Roi dans les limites de votre sphére: c'est-à-dire, que l'élevation de vos sentimens & la noblesse de vos actions représentent un Roi par le merite, sinon par la puissance. La vraie souveraineté consiste dans la vertu: quiconque possede celle-là n'a pas sujet d'envier la grandeur; il en est lui-même un modelle: que les Monarques & les grands acquierent sur-tout cette sorte de grandeur: la vertu si propre de la majesté de leur rang, qu'ils la préferent à un vain cérémonial, qui les importune les premiers: qu'ils ayent de la dignité dans le fonds, mais sans en affecter le faste au dehors.

MAXIME CIV.

Avoir étudié la nature des emplois.

IL y a une diversité dans les emplois qu'il n'est permis qu'aux hommes parfaitement habiles de bien connoître, après les avoir tous étudiez. Les uns demandent de la valeur, les autres de la subtilité d'esprit. Ceux qui ne dépendent que d'un sens droit sont faciles, & ceux qui veulent de la dexterité, très-difficiles à remplir: pour les premiers, c'est assez d'un genie mediocre; pour les seconds, toute l'industrie & toute la vigilance sont necessaires. Le penible emploi que celui de gouverner des hommes, & encore plus des fous ou des sots! il faut avoir de la raison au double de l'ordinaire pour conduire qui n'en a point. L'emploi insupportable que celui qui demande son homme tout entier; qui lui marque tout, & qui lui fixe son objet toûjours le même : les autres exempts de cette sujettion, & dont le serieux est diversifié, sont beaucoup plus agréables : le changement alternatif est comme un rafraîchissement de goût pour le travail. Les emplois les plus accreditez sont eux-mêmes dépendans, ou moins, ou plus : mais le pire de tous est celui qui aboutit à rendre comptable au tribunal des hommes, & encore plus au tribunal de Dieu.

MAXIME CV.

Ne fatiguer personne.

L'Homme lassant que celui qui n'a qu'une affaire, & qui n'a jamais que la même chose à dire! La brieveté plaît, & sur-tout dans les négociations ; ce que l'on sacrifie alors par une grande précision, cifion, on le regagne par fa politeffe. Le bon devient doublement bon, s'il eft court ; & le mauvais même, s'il eft court devient moins mauvais. Un élixir fimple fait plus d'effet que cent drogues enfemble. C'eft une verité certaine, qu'un homme diffus eft rarement un homme d'efprit, finon pour le fonds, du moins pour la façon de raifonner.. Combien d'hommes dans l'univers ne fervent qu'à l'embaraffer, plutôt qu'à l'orner ? ils y font comme des meubles incommodes, dont on cherche à fe défaire. Soyons attentifs à ne caufer de l'embaras à qui que ce foit, encore moins à des perfonnes en place, lefquelles ont de grandes occupations : détourner mal-à-propos un homme de ce caractere, c'eft pis que d'en fatiguer mille autres. Ce que l'on dit de bon, eft dit en peu de paroles.

R

MAXIME CVI.

Ne faire point parade de son élévation.

LA montre de la dignité choque plus que la personne: il est odieux de s'en faire acroire; c'est bien assez d'être un objet d'envie. La consideration s'acquiert d'autant moins, qu'on la recherche plus: elle dépend du respect d'autrui; c'est à nous de le meriter & de l'attendre. Les grands emplois demandent une autorité proportionnée à leurs fonctions; sans cela on ne pourroit les exercer dignement: que l'on use de cette autorité necessaire, mais que l'on ne la pousse pas au-delà des bornes. Tous ceux qui affectent un air important dans un emploi, montrent bien qu'ils n'en étoient pas dignes, & qu'ils y ont besoin de cet appuï étranger. Si l'on veut se distinguer, que ce soit par ses belles qualitez, & non point par ce qui leur est exterieur. Un Roi même doit se faire révérer encore plus, par ce qui lui est personnel que par son rang.

MAXIME CVII.

Ne point paroître toûjours content de soi-même.

Que l'on ne soit ni toûjours mécontent, ni toûjours content de soi-même : l'un est une foiblesse, & l'autre une folie. Dans la plûpart le contentement d'euxmêmes naît de l'ignorance: cette ignorance les fixe à un bonheur insensé; mais qui leur fait plaisir, quoiqu'il ne leur fasse pas honneur. Comme les qualitez rares des autres passent leur conception, ils s'en tiennent à quelque petit merite vulgaire dont ils se sçavent bon gré. Au plus sage la défiance de soi-même paroît toûjours necessaire, soit pour prendre tous les moyens de réüssir; soit pour se consoler s'il échoüe : car le desagrément d'un mauvais succès se fait bien moins sentir, lorsqu'on l'avoit soupçonné d'avance. Homere même s'endort quelquefois, & ensuite il se réveille. Alexandre se dément quelquefois de sa dignité, & ensuite il la reprend. Les choses dépendent ici-bas de tant de circonstances : ce qui nous avoit été favorable dans une occasion, nous devient contraire dans une autre. Mais cette vicissitude ne corrige point un sot : la vaine satisfaction de lui-même change tout comme en une fleur agréable, & lui en fournit toûjours de la même espece.

MAXIME CVIII.

Un moyen seur pour être parfait ; c'est de prendre ce qu'il y a de bon dans chaque coractere.

Dans le commerce des hommes, les mœurs, les goûts, le genie même & l'esprit se communiquent insensiblement de l'un à l'autre. Un seul exemple suffira ici pour tous. Qu'un homme prompt recherche la societé d'un caractere moderé ; il acquerra enfin de la moderation, sans qu'il lui en coûte bien des efforts : & c'est un grand article que de sçavoir se retenir. La diversité des saisons embellit & conserve l'univers, & y met l'harmonie qui nous charme : la varieté des caracteres doit produire parmi nous le même concert, d'où résulte un avantage commun. Que l'on observe donc cette regle pour le choix des amis, & des domestiques mêmes: de la communication de ces contraires se formera un temperament admirable.

MAXIME CIX.

Ne pas trouver de crime où il n'y en a point.

IL y a des hommes sauvages qui font aux autres un crime de tout, non point par passion, mais par caractere. Ils condamnent généralement tout le monde; les uns sur ce qu'ils ont fait, les autres sur ce qu'ils feront: marque d'une foiblesse d'esprit qui est pire que la cruauté: ils grossissent les objets de telle sorte que des atomes ils en font des poutres. Dans tous les emplois, ce sont des comites qui font une galere de ce qui devroit faire la felicité. Mais si la passion vient à se mêler avec leur caractere, alors tout est excès à leurs yeux. Les belles ames trouvent au contraire un jour favorable à tout ; & si l'intention ne se peut excuser, l'inadvertance disculpera.

MAXIME CX.

N'attendre pas qu'on soit un soleil couchant.

C'Est la maxime des sages de laisser les choses avant que les choses les abandonnent. Que l'on sçache se faire comme un triomphe de sa retraite même : semblable au soleil qui tout lumineux encore, se cache dans un nuage, de sorte qu'on ne le voit point baisser, & qu'il laisse les hommes incertains s'il est couché ou non. Il faut se mettre à l'abri des accidens pour n'en point essuier les déplaisirs, & ne pas attendre à vous retirer, que la fortune vous ait tourné le dos : ce seroit comme vous ensevelir tout en vie par l'excès de votre douleur, & rester en ce monde comme mort par la perte de votre réputation. Un habile écuyer cesse à propos de monter un cheval ; & n'attend pas qu'au milieu de la carriere le coursier en tombant devienne la risée des spectateurs. On rompt à temps le miroir, pour prévenir le dépit d'y voir ses rides & sa folie passée.

MAXIME CXI.

Se faire des amis.

C'Est en quelque sorte se multiplier soi-même que de se faire des amis. Tout vrai ami est bon & utile à son ami. Entre amis tout est bon. Nous ne valons qu'autant que les autres veulent bien nous faire valoir ; & ils ne le veulent bien nous faire valoir qu'autant que nous gagnons leur cœur. Rien ne charme davantage que les bons services : & pour nous attirer les effets de l'amitié, le meilleur moyen est d'en donner nous-mêmes. Ce que nous avons de meilleur, ce que nous avons de belles qualitez dépend des autres avec lesquels nous vivons, & qui sont nos amis ou nos ennemis. Il faut donc gagner chaque jour quelqu'un, si non pour en faire un ami intime, du moins pour nous le rendre affectionné : ensuite on en réserve un petit nombre de choisis pour la confidence après les avoir bien étudidiez.

MAXIME CXII.

Gagner les cœurs.

LE souverain maître des cœurs commence par les prévenir & par les disposer; lorsqu'il destine ses créatures aux plus grandes choses pour sa gloire. C'est par l'affection que l'on parvient à l'estime. Quelques-uns comptent tellement sur leur merite, qu'ils en negligent tout appui : mais les gens de réfléxion comprennent que la voye du merite tout seul est bien longue, & qu'il faut que la faveur l'abrege. . La bienveillance aide & supplée à tout : elle ne suppose pas toûjours les belles qualitez, mais elle les donne, la valeur, la probité, l'habileté, la sagesse : & pour ce qui est des défauts elle n'en voit point, parce qu'elle ne souhaite pas d'en voir. Cette bienveillance est un peu materielle, & naît communément d'un rapport de nation, de parenté, de genie, d'emploi, de patrie : mais il en est une autre plus délicate & plus noble ; qui a pour objets les belles qualitez, les bons offices, la réputation, le vrai merite : il s'agit de la gagner cette affection, cette bienveillance, (car il

est assez facile de la conserver :)
après cela il est permis de la prévenir à propos, & de la mettre en œuvre avec art.

MAXIME CXIII.

Dans la prosperité pourvoir à l'adversité.

L'Eté est le tems de faire ses provisions pour l'hiver, & de les faire commodément. Dans le tems de la prosperité, les graces nous sont prodiguées ; & nous ne manquons pas d'amis. Il est important alors que la moisson est abondante de se faire des réserves pour la saison fâcheuse, où tout devient rare, où tout manque. Que l'on se ménage des amis, des gens reconnoissans : le jour viendra que l'on comptera pour beaucoup, ce que l'on comptoit pour rien. Les ames basses n'ont point d'amis dans la prosperité, parce qu'elles méconnoiſſent tout le monde ; & elles n'en ont point dans l'adverſité; parce que tout le monde les méconnoît.

MAXIME CXIV.

N'entrer jamais en concurrence.

Toute prétention diſputée décredite. La concurrence viſe d'abord à ôter le merite pour noircir enſuite la perſonne. Qu'il en eſt peu qui faſſent bonne guerre ! Une rivalité met en jour des fautes que la politeſſe avoit miſes en oubli. Pluſieurs ont vêcu honorez, tandis qu'il n'ont point eu d'émulateurs. La paſſion qui naît de la contrarieté déterre & fait revivre des infamies, comme mortes depuis très-long-temps. Un concurrent débute par un manifeſte d'invectives, employant à ſa cauſe tout ce qu'il peut, & tout ce qu'il ne doit pas. Et bien que les offenses soient communément des ressources fort inutiles ; on y trouve du moins le lâche plaisir de la vengeance ; on les tourne avec tant d'artifice qu'il en rejallit toûjours quelque chose sur la personne même du competiteur. La bienveillance veut toûjours la paix ; & la réputation veut toûjours de l'indulgence.

MAXIME CXV.

Se faire à la mauvaise humeur des gens avec qui l'on a à vivre ; ainsi qu'on s'accoutume par necessité, à voir un visage difforme.

IL y a des gens avec qui l'on ne sçauroit vivre à cause de leur humeur dure; & sans qui d'ailleurs on ne peut vivre : il faut de la souplesse d'esprit pour s'accoûtumer insensiblement à eux, comme on s'accoûtume à une laideur extrême; afin que chaque occasion ne cause pas toûjours la même horreur. La premiere fois, les gens vous font trembler; mais peu à peu ils perdront pour vous ce que d'abord ils ont eu de terrible: les réflexions vous mettent au-dessus de leur rudesse, ou vous la rendent au moins supportable.

MAXIME CXVI.

Ne traiter qu'avec des gens qui ayent de l'honneur.

ON peut en sûreté s'engager dans une affaire avec des gens d'honneur, & les y engager: l'amour de leur devoir est la meilleure caution de leur procedé dans un differend même; parce qu'ils se comportent toûjours tels qu'ils sont. Il vaut mieux avoir à combattre contre des braves que de se soumettre une vile canaille. Il n'y a point de traité sûr avec les malhonnêtes gens; parce qu'ils ne se croient obligez à aucun devoir: aussi n'y eût-il jamais entre eux de veritable amitié: ils l'imitent assez bien pour qu'elle lui ressemble; mais elle n'en est pas moins fausse; les principes de l'honneur lui manquent. Fuyons des hommes de cette espece. Qui n'a point l'honneur en recommandation ne fait nul cas de la vertu. L'honneur est comme le trône de la probité.

MAXIME CXVII.

Ne parler jamais de soi.

OU bien on se loüe, & c'est vaine gloire; ou bien on se blâme, & c'est foiblesse: comme l'un & l'autre est un manque de discretion dans celui qui parle; l'un & l'autre est une peine à ceux qui l'écoutent: mais si l'on ne doit point parler de soi dans la conversation, on doit à plus forte raison ne le pas faire quand par le caractere du rang que l'on occupe on parle en public : alors tout ce qui porte le moindre indice d'imprudence, passe pour en être une veritable. Il est encore contre la discretion de parler de ceux qui sont présens ; on s'expose à donner dans l'un de ces deux écüeils, ou de la flatterie, ou de la censure.

MAXIME CXVIII.

La réputation d'être civil & poli.

C'Est assez d'être civil & poli pour se rendre recommandable. La politesse fait la principale partie du merite dans le monde : elle est une sorte de charme qui s'attire une bienveillance universelle ; au lieu que l'impolitesse s'attire une haine generale : celle-ci ci est odieuse en effet, si elle naît de l'orgueil ; & si elle vient d'un fonds de grossiereté elle est méprisable. La civilité doit pêcher plûtôt par l'excès que par le défaut ; de maniere néanmoins qu'elle ne soit pas égale pour tous, ce qui seroit degenerer en une espece d'injustice : & pour qu'on en connoisse tout le prix, elle est un devoir, une obligation entre ennemis-mêmes : elle coûte peu, & vaut beaucoup. Quiconque honore est honoré. La politesse & l'honnêteté ont cet avantage qu'elles tournent toûjours à la gloire de celui qui use de l'une & de l'autre.

MAXIME CXIX.

N'être point dédaigneux.

IL n'est pas necessaire d'irriter l'aversion d'autrui : elle fait toutes les avances, lors même qu'on n'y pense pas. Il y a tant de gens qui haïssent *gratis*, sans sçavoir comment ni pourquoi. La mauvaise volonté précede dans l'homme celle d'obliger : la haine est en lui plus vive & plus efficace pour nuire, que l'affection pour servir. Quelques-uns, soit par un esprit dédaigneux, soit par une humeur chagrine, cherchent, ce semble, à être mal avec tout le monde : si la haine se mêle à leur caractere, leur situation devient comme une maladie formée qu'il est difficile de guerir : on les redoute, s'ils ont de l'esprit, on les déteste s'ils sont médisans, on les méprise s'ils sont vains, on les abhorre s'ils sont railleurs, on les abandonne s'ils sont des gens retirez. Que l'on marque de l'estime si l'on veut être estimé : Que l'on soit comme un homme qui veut faire sa fortune ; il ne néglige rien.

MAXIME CXX.

S'accommoder aux usages.

LE sçavoir même doit être conforme à l'usage; & où il n'est pas de saison, c'est une necessité de sçavoir faire l'ignorant. Le langage & le goût de temps en temps changent: il ne faut point parler comme au temps jadis, mais dans le goût d'aujourd'hui. Le goût des bons esprits fait en chaque chose la régle; il faut le suivre ce goût, & s'efforcer d'y exceller. Le sage s'accommode au siecle pour les ornemens de l'esprit, & pour les parures du corps; quoique les usages d'autrefois lui paroissent peut-être meilleurs que ceux d'aprésent. Il n'y a que par rapport aux mœurs que cette conformité ne peut avoir lieu; parce que la vertu doit être de tous les temps: néanmoins on ne la reconnoît plus aujourd'hui : dire la verité, tenir fa parole, ce font comme des modes paſſées : les gens de bien ſont des gens du bon vieux temps ; on les aime toûjours, mais de telle ſorte que ſi l'on en connoît quelques-uns on ne les pratique point, on ne les imite point. Malheureux ſiécle, où la vertu eſt regardée comme un uſage qui lui eſt étranger; & où le vice paſſe pour un uſage déſormais établi. Que l'homme vertueux vive ici comme il peut, s'il ne le fait comme il voudroit : ce que la providence lui a donné, qu'il le tienne pour meilleur à ſa vertu que ce qu'elle lui a refuſé.

MAXIME CXXI.

Ne ſe faire point une affaire de ce qui n'en eſt pas.

Comme il en eſt qui traitent tout de bagatelle ; il en eſt

au contraire qui font une affaire de tout. Les derniers ont toûjours des choses importantes à dire, ramènent tout au serieux, tournent tout en discussions, trouvent en tout du mystere. De toutes les choses chagrinantes, il en est peu que l'on doive prendre fort à cœur; à moins que l'on ne veüille se tourmenter mal-à-propos. Saisir les objets qu'il faudroit éloigner de soi, c'est le bon sens renversé. Bien des choses qui pouvoient être de quelque conséquence se sont réduites à rien en les négligeant : & d'autres qui n'étoient rien sont devenües importantes pour en avoir fait trop de cas. Au commencement, il est aisé de terminer tout : & après, ce n'est plus cela. Souvent le remede même est la cause du mal. Laisser aller les choses, ce n'est pas la pire de toutes les régles de conduite.

MAXIME CXXII.

La superiorité dans la maniere de parler & d'agir.

Cette superiorité se distingue en toute rencontre; & imprime d'abord du respect: elle se fait sentir en tout; dans la conversation, dans les discours prononcez en public, dans la démarche, dans le regard, dans le signe de la volonté. C'est un grand triomphe que celui des cœurs. Cette superiorité ne vient pas d'une vaine audace, ni d'un ton de voix imperieux: elle est une autorité honnête, laquelle naît d'un genie superieur, secondé d'une réputation meritée.

MAXIME CXXIII.

L'homme sans affectation.

PLus on a de merite, & moins on doit avoir d'affectation; elle est le défaut ordinaire qui gâte toutes les belles qualitez. L'affectation est aussi insipide aux autres, qu'elle est onéreuse à l'homme affecté : celui-ci est le martyr de ses attentions continuelles; & sa ponctualité fait à chaque occasion son supplice. Par l'affectation les plus rares perfections perdent en effet beaucoup de leur prix : car on croit aisément qu'elles sont plûtôt un effort de l'art que l'ouvrage de la nature : & tout ce qui est naturel fut toûjours fort au-dessus de ce qui est étudié. Une chose affectée est regardée comme étrangere à ceux qui l'affectent. Plus ce que l'on fait est excellent, plus l'art y doit être caché; afin qu'il semble couler comme de source, & n'avoir sa perfection que de la nature. Mais pour s'éloigner de l'affectation, que l'on prenne bien garde de n'y pas donner, en affectant de l'éviter. Un homme sage ne fera jamais soupçonner même qu'il connoît son mérite; & sa négligence en ce point réveille l'attention des autres. Celui-là est doublement parfait lequel renferme en soi toutes les grandes qualitez & ne se sçait bon gré de pas une seule; par un chemin très-peu connu il parvient à une haute réputation.

MAXIME CXXIV.

Se faire regreter.

PEu de gens en place ont eu l'agrément d'être regretez du Public; & moins encore ont eu la gloire de l'être des sages: c'est l'ordinaire l'ordinaire que l'indifference soit pour ceux qui ont fait leur temps. Il y a des moyens de mériter les regrets; le premier & qui est grand, c'est de se distinguer dans son emploi par des qualitez éminentes; le second, & qui est efficace, c'est d'obliger tout le monde autant qu'il se peut. Le merite se rend necessaire, lorsqu'on s'apperçoit que l'emploi avoit besoin de lui, & non point lui, de l'emploi. Les uns honorent leur poste, & les autres en sont honorez: Ce n'est point un sujet de gloire que la scelerateffe d'un successeur fasse trouver de la vertu dans son prédecesseur: par-là celui-ci n'est pas absolument regretté, mais l'autre seulement est haï.

MAXIME CXXV.

N'eſtre point gazette mediſante.

S'Occuper à ramaſſer ce qui fait la honte d'autrui, c'eſt ſigne qu'on eſt ſoi-même perdu d'honneur : On voudroit ſe laver de ſes taches, ou plutôt les couvrir de celles des autres ; on ſe conſole du moins avec cela : conſolation inſenſée ! ces bouches impures, receptacles des immondices publiques exhalent par tout leur infection. Plus on creuſe dans l'infamie d'autrui, & plus on ſe rend infâme ſoi-même. Il n'en eſt gueres qui n'ayent quelques flétriſſures originelles, ou d'une façon, ou d'une autre ; & il n'y a que celles des gens peu connus qui ſont ignorez. Un honnête homme ſe garde bien d'être un regiſtre de médiſance : modelle d'horreur ! homme ſans ame,

MAXIME CXXVI.

On n'est pas fou pour une folie faite, mais pour ne la pas cacher après.

IL faut tenir secrets ses penchans mêmes, à plus forte raison ses écarts. Tous les hommes sont sujets à faillir, mais avec cette difference, que les gens avisez se taisent sur leurs bevûës; au lieu que les fous disent les fautes mêmes qu'ils ont dessein de faire. Bien loin que la réputation consiste ici dans les faits, elle consiste au contraire dans le silence : *Si l'on n'est pas chaste*, dit le Proverbe, *que les autres ne le sçachent point.* Les simples negligences des grands personnages sont remarquées, comme les éclipses des premiers astres du firmament. Dans le commerce de l'amitié, que l'on excepte la confidence de ses défauts; il faudroit alors les ignorer soi-même s'il étoit possible: mais on peut au moins suivre sur cela une autre regle pour la conduite, laquelle est de sçavoir oublier.

MAXIME CXXVII.

Le je ne sçai quoi en tout.

LE je ne sçai quoi est comme la vie de toutes les bonnes qualitez: il donne de la force aux paroles, de l'ame aux actions, du lustre aux graces mêmes: les perfections sont l'ornement de la nature, & il est l'ornement de ses perfections; il orne même la raison: il est plûtôt un don du ciel que le fruit du travail: il est superieur à tout art, à toute facilité d'esprit, à toute aisance du dehors, qu'il suppose; mais à quoi il donne le tour de perfection qui frappe : fans lui, point de beauté, point d'agrément, tout cela demeure comme mort : fon fecours eft neceffaire au brave, au fage, au politique, au fouverain : avec lui on expedie les affaires, & on fe tire légérement de tout embarras.

MAXIME CXXVIII.

Le Cœur grand.

Voici l'une des qualitez effentielles pour le Heros; parce qu'elle anime à la grandeur en tout : elle éleve les fentimens & les penfées, elle rehauffe le courage, elle anoblit la condition, elle difpofe au merite même du trône. Un homme né avec un grand cœur, s'ouvre un chemin libre au milieu de tous les obftacles; & fi quelquefois l'iffuë lui en eft opiniatrément difputée par le fort envieux, il n'eft point d'efforts qu'il n'employe pour en sortir glorieusement : lorsque l'impossibilité le restraint malgré lui dans l'éxécution, il se dédommage pour le dire ainsi, de cette gêne par l'étenduë de ses desirs. Le cœur grand est la source de la magnanimité, de la génerosité, de toutes les vertus heroïques.

MAXIME CXXIX.

Ne se plaindre jamais.

ON se fait toûjours tort à soi-même en se plaignant. Nos plaintes servent plus de modele pour enhardir la malignité d'autrui, qu'elles ne touchent sa compassion pour nous consoler ; elles découvrent à celui qui les entend l'endroit par où nous mortifier, & l'exemple des autres qui l'ont déja fait, lui tient lieu de justification, s'il nous offense. Quelques-uns par leurs plaintes fournissent à la même personne une occasion nouvelle de les blesser, irritent sa complaisance maligne, & s'en attirent le mépris; au lieu du remede & de la consolation qu'ils cherchoient. Une conduite bien meilleure, c'est de publier les bons offices des uns, afin d'engager les autres à nous en rendre: redire souvent les bienfaits qu'on a reçus des personnes absentes, c'est comme solliciter les personnes presentes pour en obtenir aussi d'elles; c'est mettre à profit la protection des uns en gagnant celle des autres. . Un homme prudent dissimule ses propres mécontentemens, & les défauts des autres; il ne parle que de leurs bonnes qualitez: par-là on se fait des amis, & on ne donne point prise à des ennemis.

MAXIME CXXX.
La réalité & la montre.

Les choses ne sont qu'autant qu'elles paroissent : le merite double, lorsqu'on le sçait produire. Ce qui ne se voit pas est comme s'il n'étoit point : la raison même si elle n'est pas mise en jour, reste sans autorité. Le nombre des hommes qui se trompent, surpasse de beaucoup celui des hommes éclairés : l'illusion prévaut, & l'on juge des choses par le déhors ; bien qu'elles soient souvent très-differentes de ce qu'elles paroissent. Enfin des dehors avantageux sont comme la meilleure recommandation pour le fonds.

MAXIME CXXXI.

La grandeur d'ame.

L'Ame a sa beauté, l'ame a ses graces; lesquelles éclatent au dehors par des actions nobles, par de belles actions. La grandeur d'ame ne sçauroit être que dans trèspeu de personnes; parce qu'elle suppose la générosité: la premiere de ses attentions est de dire du bien d'un ennemi & de lui en faire encore davantage: c'est dans les occasions de se venger qu'elle se signale; elle ne laisse point passer ces occasions, mais c'est pour en bien user; alors plus triomphante que jamais, elle les convertit en des actes de générosité qui saisissent d'étonnement.. Bien loin de n'être pas politique, elle sçait faire aimer la raison d'état; elle n'affecte jamais des préférences, parce qu'elle n'affecte rien; &

lorsque son merite lui en attire; sa modestie les lui dissimule.

MAXIME CXXXII.

Penser & repenser.

C'Est le moyen d'agir avec sûreté que de repasser sur sa premiere pensée; lorsque surtout l'avantage n'est pas évident.. Il faut prendre du temps, soit pour accorder une chose; ou soit pour se mieux conseiller. A la réflexion, de nouvelles raisons se présentent pour rassurer l'esprit & l'affermir. S'il s'agit d'une grace, elle est plus estimable par le sage discernement de celui qui la fait que par le plaisir que causeroit d'abord sa précipitation à l'accorder : ce que l'on a desiré, on l'estime toûjours davantage. S'il est question d'un refus, le temps en prépare la façon, & le laisse meûrir pour lui ôter son amertume : souvent la premiere ardeur du désir s'étant rallentie, le désagrément d'un refus n'est plus sensible. Accordons avec lenteur à qui voudroit obtenir sur le champ : cet empressement est une adresse pour surprendre notre vigilance.

MAXIME CXXXIII.

Etre fou avec tout le monde plûtôt que d'être sage tout seul.

SI tous les hommes sont fous, disent les Politiques, on ne perd rien à l'être avec eux : au lieu que si le sage est isolé il sera tenu pour fou : il faut donc suivre le torrent. Le plus grand sçavoir est quelquefois de ne rien sçavoir, ou plûtôt de le paroître : c'est une necessité de vivre avec les autres ; & les ignorans sont le grand nombre : pour vivre seul avec soi-même, il faudroit avoir quelque chose de la divinité, ou beaucoup de la bête. Mais pour moi je corrige l'axiome des Politiques, & je dis: *Il vaut mieux être sage avec les autres que d'être fou tout seul.* Tels veulent être singuliers par des chimeres.

MAXIME CXXXIV.

Avoir plus d'une ressource dans la vie.

IL ne faut pas s'astreindre à une seule chose, quelque excellente qu'elle soit. Ayons comme une double provision de tout ; de l'honnête, de l'utile, de l'agréable ; c'est-là doublement vivre, pour le dire ainsi. L'inconstance extrême de la lune durera autant qu'elle : symbole de l'inconstance naturelle du cœur humain : pour mettre un frein à cette légereté vague, il faut lui fournir le double de tout ce qui est convenable : c'est la grande régle de l'art de vivre. La providence a donné deux yeux à l'homme, deux bras, deux jambes ; parce que ces facultez sont plus exposées aux dangers : que notre industrie imite cette exemple : afin que notre repos si souvent agité ait toûjours comme un double appui.

MAXIME CXXXV.

N'être point un esprit de contradiction.

CE caractere est à la fois & ridicule & odieux : les sages doivent se soulever tous contre lui. Il peut y avoir de l'esprit à former des difficultez sur bien des choses; mais il y a toûjours de l'extravagance à les soutenir opiniâtrément. Ces contradicteurs font d'une conversation honnête une espece de petite guerre; & ainsi ils sont plus ennemis de leurs amis mêmes que des personnes avec qui ils n'ont nul commerce. La contradiction qui trouble ainsi les délices de la societé, est comme une arrête qui fait beaucoup plus de peine, lorsqu'elle empêche le passage d'un morceau délicat. Les contradicteurs sont des fous dangereux qui joignent la ferocité à la bêtise.

MAXIME CXXXVI.

Dans les affaires, commencer par se bien mettre au fait.

LA plûpart donnent toutes les formes à un raisonnement inutile, & toutes les figures à un discours ennuyeux; sans toucher au fonds de la chose ; ils se fatiguent & nous aussi, en tournant cent fois autour du fait, dans lequel ils n'entrent jamais. Ce défaut vient d'un esprit confus qui ne sçait pas se développer. On perd ainſi le temps & la patience à ce que l'on devoit laiſſer ; & après cela l'un & l'autre manquent pour ce qu'il falloit faire.

MAXIME CXXXVII.

Le ſage doit ſe ſuffire à lui-même.

IL eſt dit d'un ſage de l'antiquité, qu'il étoit ſeul tout ce qu'il lui falloit ; & qu'en quelque endroit qu'il portât ſes pas, il y portoit dès-là, toutes choſes. Il eſt encore dit, qu'un parfait ami valoit Rome & l'univers entier. Soyez cet ami de vous-même ; & vous pourrez vivre ſeul. Que manque-t-il à un homme qui ne connoît ni d'entretien plus utile, ni de plus grand plaiſir qu'avec ſoi ? Alors il ne dépendra de perſonne : ſouverain bonheur de reſſembler ainſi à l'Etre ſuprême. Quiconque peut de la ſorte vivre ſeul, non ſeulement il n'aura rien de la bête ; mais il aura tout ce qui fait le vrai sage.

MAXIME CXXXVIII.

L'art de laisser aller les choses; surtout dans les temps orageux.

LA vie de l'homme a ses tourbillons, il s'éleve en son cœur des orages comme sur la mer. Alors imitez le Pilote, qui retiré dans le port laisse passer les flots irritez. Les maux deviennent souvent pires par les remedes. Laissez agir tantôt la raison, & tantôt la nature ; l'une dans une peine d'esprit qui vous trouble, l'autre dans une indisposition du corps qui vous abbat : l'habileté d'un Medecin consiste pour le moins autant à ne pas ordonner qu'à ordonner une recette.. Le moyen d'arrêter certains tourbillons populaires, c'est de n'en faire point de cas, & de les laisser peu à peu se dissiper : pour lors ceder au temps, ce sera vaincre dans la suite. Une fontaine dont l'eau a été troublée ne reprend point son premier état par une cause étrangere ; elle y revient d'elle-même. Il n'est point de meilleur parti à prendre pour certains incidens fâcheux, que d'en voir le cours d'un œil tranquille ; ils passeront d'eux-mêmes, sans que nous nous en inquiétions.

MAXIME CXXXIX.

Connoître ses jours de malheur.

Nous avons tous des jours où rien ne nous réussit. Que l'on joüe alors ; on aura beau changer de jeu, la chance ne reviendra pas. Il faut observer dès les premiers tours si c'est un jour de bonheur, ou non ; & si l'on a lieu de soupçonner que c'est un jour de malheur ; que l'on songe à ne se pas engager trop avant dans le jeu. L'esprit a aussi ces sortes de vicissitudes : personne n'est également habile à toutes les heures du jour : il y a du bonheur à parler juste, ainsi qu'à bien écrire une lettre. Toutes les perfections & de l'esprit & du corps dépendent de leur jour & de leur heure : le sage même peut se démentir quelquefois, ou par trop de condescendance, ou par un excès de rigueur. Enfin pour réussir en quoi que ce soit, il faut être dans son jour. C'est pour cela que tout réüssit mal en un temps à quelques-uns, tandis qu'à d'autres tout leur réüssit bien ; sans qu'il leur en coûte beaucoup : tout se trouve comme fait sous leur main ; leur esprit est dans sa situation favorable ; leur genie est dans sa force naturelle ; leur bonne étoile les conduit en tout : ces jours heureux, il faut les bien mettre à profit, & n'en perdre pas un moment. Après tout, un homme raisonnable ne jugera jamais définitivement qu'un jour soit heureux ou malheureux précisément à cause d'un bon ou d'un mauvais succès ; car l'un peut venir d'un pur hazard, & l'autre d'un pur contretemps.

MAXIME CXL.

S'attacher au bon dans chaque chose, c'est le propre d'un goût sain.

L'Abeille s'attache d'abord à ce qui est doux, pour en composer son miel, & la Vipere à ce qui est amer, pour en tirer son venin. Il en est de même des goûts ; l'un s'attache au meilleur, & l'autre au pire. Il y a dans tout quelque chose de bon, & particulierement dans un Ouvrage d'esprit qui ne se fait pas sans meditation. Cependant il se trouve de si miserables genies, qu'entre mille perfections ils saisissent un seul défaut, le critiquent, & le publient; Répertoires de tout ce que l'esprit & le cœur de l'homme peuvent produire de mauvais: Chroniques chargées de notes sur les défauts du genre humain : leur travail est plûtôt un châtiment de leur goût dépravé qu'une preuve de leur esprit: ils menent une vie malheureuse, vû que toutes les mauvaises choses sont leur aliment, & que le fiel est leur breuvage. Beaucoup plus heureux est le goût des autres lesquels entre mille défauts saisissent une bonne chose, qui leur est tombée sous la main.

MAXIME CXLI.

Ne point s'écouter.

IL ne s'agit pas de se complaire en soi-même, si l'on ne plaît point aux autres : un mépris général est la punition ordinaire de la vaine satisfaction de votre personne : car quiconque se paye de la sorte par ses mains, il devient redevable envers tout le monde. Il sied toûjours très-mal d'aimer à parler & de s'écouter : si c'est être fou que de se parler seul ; ce sera l'être encore plus, de s'écouter en présence des autres : ce défaut est plus familier aux Grands, qui d'un ton haut racontent toûjours des choses non communes, selon eux, & qui assomment par-là ceux qui les écoutent : à chaque parole qu'ils prononcent, ils prêtent l'oreille à l'approbation ou à la flatterie ; & mettent ainsi les gens sages à une rude épreuve. Tous les hommes remplis d'eux-mêmes parlent comme à l'écho ; chaque mot qu'ils disent, toûjours d'une voix amphathique, semble chercher le secours d'un sot insipide, lequel répéte ce même mot, comme une chose merveilleuse.

MAXIME CXLII.

Ne prendre jamais par opiniâtreté le plus mauvais parti ; parce qu'un Antagoniste a déja pris le meilleur.

SE comporter autrement, c'est comme engager le combat, lorsqu'on est à demi vaincu : & ce sera necessité de succomber avec honte. Jamais on a bien sa revenche par une mauvaise voie. Ç'a été addresse dans votre Antagoniste de vous prévenir par le choix du meilleur parti ; dans vous c'est folie de vouloir le traverser après coup, en prenant le plus mauvais parti. Cette opiniâtreté de conduite méne bien plus loin, que l'opiniâtreté de paroles : il y a pour le risque autant de difference entre l'une & l'autre qu'entre agir & parler. C'est l'ordinaire des opiniâtres de n'avoir en vûë ni la verité lorsqu'ils contredisent, ni l'utilité lorsqu'ils soutiennent leur propre sentiment. Un homme sensé ne donne point dans ces travers ; il est toûjours pour la raison qu'il met d'abord de son côté ; ou qu'il sçait ensuite y ramener : car s'il a pour adversaire un extravagant, il n'a qu'à changer d'opinion & embrasser celle qui y est opposée, avec laquelle il infirmera encore la sienne propre : en effet pour ôter à un tel adversaire son avantage, il ne faut qu'en prendre le sentiment : dèsla, par bisarrerie il l'abandonnera, & par opiniâtreté il tirera l'autre d'embarras.

MAXIME CXLIII.

Ne donner point dans le Paradoxe, pour s'éloigner du vulgaire.

CE font ici deux extrêmitez qui aboutissent également à nous décrediter. Toute conduite qui ne compatit point avec la solidité est un genre de folie. Le Paradoxe est une certaine illusion agréable, qui d'abord charme par sa nouveauté, & par sa pointe : mais bientôt son mauvais succès découvrant l'imposture, il ne lui en reste que la honte : c'est une espece de charlatanerie, & qui est la ruine des Etats, lorsqu'on la mêle à la Politique. Ceux qui ne peuvent, ou qui n'osent s'élever à l'Heroïsme par la voie de la vertu, se sauvent par le Paradoxe : ils font l'admiration des sots;

fots ; & par contraste ils relevent le merite veritable des sages. Le Paradoxe marque un dérangement dans la raison, & est par conséquent très-opposé à la prudence ; si quelquefois il ne porte pas à faux, il appuie du moins sur l'incertain, au grand risque des affaires importantes.

MAXIME CXLIV.

Entrer dans les interêts d'autrui, pour y trouver le sien propre.

CE stratagême est comme sûr, pour obtenir ce que l'on souhaite. Les maîtres même de la vie spirituelle recommandent cette sainte adresse, pour remettre l'homme dans les voies du ciel, qui est son interêt capital. L'intention ainsi couverte avance bien les choses ; l'avantage qu'un homme conçoit alors, est un attrait qui nous l'attache : il lui semble

que ses interêts vont les premiers;
quoiqu'ils ne soient que comme
un chemin frayé pour parvenir
aux nôtres mêmes. Mais, que le
début ne soit pas brusque, surtout
si l'on soupçonne avec raison qu'il
y a du risque. A l'égard aussi des
personnes dont le premier mot est
toûjours *Non*, il convient de cacher
bien son dessein, de peur
qu'ils ne voyent de la difficulté à
nous obliger; principalement si
l'on pressent en eux de la répugnance
à le faire. Cet avis est
pour ceux qui ont une grande souplesse
d'esprit, & qui sçavent se
replier sur eux-mêmes, comme
ils veulent.

MAXIME CXLV.

Ne montrer point le mauvais côté.

SI vous le découvrez chacun
vous heurtera par-là; & si vous
vous en plaignez, vous aurez à

essuyer toute la malignité d'autrui, qui nous attaque toûjours par l'endroit le plus sensible à notre foiblesse. Vous aurez beau vous offenser, vous ne ferez qu'augmenter la joye de ceux qui se divertissent sur votre compte. La mauvaise volonté épie toutes les occasions de causer du chagrin, elle lance des traits ausquels on ne sçauroit être insensible, elle essaye mille manieres de piquer toûjours jusqu'au vif. Un homme discret ne s'ouvre jamais sur son mauvais endroit soit personnel, soit hereditaire. Car la fortune même se plaît à frapper où le coup doit être plus douloureux : ses disgraces cruelles taisons-les, ses faveurs taisons-les aussi : les unes afin qu'elles se perdent dans l'oubli ; les autres, afin qu'elles demeurent à l'abri de la critique.

MAXIME CXLVI.

Examiner les choses.

IL arrive pour l'ordinaire que les choses sont tout autrement qu'elles ne paroissoient : & lorsqu'on vient à les approfondir, on reconnoît la méprise où avoit jetté l'ignorance qui s'en étoit tenüe à l'écorce. Le mensonge se montre toûjours le premier en tout, & est cru des sots sur un bruit populaire qui gagne successivement de l'un à l'autre. La verité vient toûjours la derniere, & comme à pas comptez, avec le temps : les sages lui gardent une oreille, la Providence ayant eu soin de doubler en nous la faculté de l'oüie. L'illusion n'a que de la surface, & les hommes superficiels s'y arrêtent d'abord. La verité est retirée comme dans un antre profond ; afin de se faire rechercher davantage par les gens discrets & prudens.

MAXIME CXLVII.

N'être point inaccessible.

IL n'est point d'homme si parfait qu'il n'ait besoin quelquefois du conseil d'autrui ; & ne vouloir pas l'écouter c'est comme un état de folie sans remede. Le plus capable de se passer d'avis, doit laisser un accès libre à quiconque lui en donne de bons : la souveraineté même ne doit pas exclure ici la docilité. Il y a des caracteres incurables ; parce qu'ils sont inaccessibles : ces gens-là iroient se jetter dans un précipice, que personne n'oseroit les en empêcher. Que l'amitié trouve en nous une entrée facile pour nous conseiller dans l'occasion ; qu'un ami puisse sans façon nous avertir, nous réprimander même ; notre propre avantage, son attachement & son discernement éprouvez lui donnent assez ce pouvoir : il ne faut pas l'accorder à tous cette liberté, ni cette autorité sur notre esprit : c'est assez d'un confident, dont on a déja sujet d'estimer les remontrances, & qui comme un miroir fidele nous représente tels que nous sommes pour nous détromper.

MAXIME CXLVIII.

L'art de converser.

C'Est dans la conversation que l'on fait voir ce que l'on vaut. Comme s'entretenir est l'exercice la plus ordinaire de la vie, il est aussi celui qui demande le plus d'attentions : on y perd beaucoup, ou bien on y gagne beaucoup. La réflexion est necessaire pour écrire une lettre ; parce qu'une lettre est une conversation meditée : la necessité de la réflexion est encore peut-être plus grande pour la conversation ordinaire ; parce que le merite y passe à l'instant par l'examen de plusieurs ; les gens habiles tâtent le poulx à l'esprit par la langue, pour user de cette expression. Aussi un Sage a-t'il dit : *Parle, si tu veux que je te connoisse*. Quelques-uns estiment que tout l'art de la conversation consiste à n'y en avoir pas plus que dans la maniere de s'habiller, laquelle doit être simple & aisée : mais ceci s'entend de la conversation entre amis : car lorsqu'on s'entretient avec des personnes qui impriment du respect, il faut plus de serieux, il faut montrer plus de fonds. Le moyen général de réussir dans la conversation, est de se proportionner au genie & à l'esprit des autres. Que l'on ne cherche point à critiquer sur quelques termes, ce seroit se faire passer pour un petit Grammairien :

que l'on affecte encore moins de pointiller sur quelque raisonnement ; tous abandonneroient la partie, & fuiroient votre commerce. Il importe plus de sçavoir parler à propos que de parler éloquemment.

MAXIME CXLIX.

Sçavoir se décharger sur quelqu'un de certains maux inévitables.

C'Est un point essentiel pour ceux qui gouvernent d'avoir comme des boucliers qui les mettent à couvert de la haine ; des gens sur qui rétombent la censure des mauvais succès, & l'odieux des plaintes communes. Se conduire de la sorte, ce n'est pas incapacité, ainsi que la malignité l'interpréte ; c'est une industrie qui passe la portée du vulgaire. Tout ne peut pas réussir ; & on ne peut pas non plus contenter tout le monde. Il faut donc un homme qui pour prix de son ambition soit comme un mur d'airain, où tous les coups viennent frapper.

MAXIME CL.

Sçavoir donner du prix à ses Ouvrages.

CE n'est pas assez qu'un Ouvrage soit bon en lui-même : tous n'en saisissent pas, n'en examinent pas seulement le fonds ; la plûpart se rangent du côté de la multitude ; parce qu'ils en voyent d'autres le faire. Ce n'est pas une mediocre ressource de l'art que de sçavoir prévenir en sa faveur les esprits ; pour cela tantôt on loüe en general un sujet, car la loüange picque alors la curiosité ; tantôt on donne à un Ouvrage un beau nom ; autre sorte d'éloge : mais ce manége se doit faire sans qu'il y paroisse la moindre affectation. Ne travailler que pour les gens d'esprit, c'est une amorce pour tous, parce que tous croyent l'être ; ou bien c'est un aiguillon pour le devenir, à l'égard de ceux qui ne croyent pas l'être, s'il en est de tels. Il ne faut jamais dire de ses Ouvrages, comme une loüange qu'ils n'ont rien que d'aisé & qui ne soit à la portée de tout le monde ; c'est les dégrader, au lieu de les faire rechercher : tous veulent de l'extraordinaire ; il plaît davantage & au goût & à l'esprit.

MAXIME CLI.

Penser d'avance ; aujourd'hui pour demain & même pour plusieurs jours.

LA plus grande prévoyance est d'avoir des heures destinées à prévoir les choses. Il n'est point d'accidens pour un homme prévenu : il n'est point de détresse pour un homme préparé. Il faut aller au-devant du peril, & ne pas attendre qu'on se noye pour y penser : il faut que par de prudentes réflexions, on se dispose à ce qui peut arriver de plus fâcheux. Le chevet du lit est une espece d'oracle, bien qu'il ne parle pas : dormir sur les choses prévûës vaut mieux que d'être éveillé afin de les méditer. Quelques-uns agissent d'abord, & ensuite ils pensent : c'est-là chercher à se décharger des affaires plûtôt qu'à les finir. D'autres ne pensent ni avant que d'agir, ni après l'avoir fait. La vie doit être toute occupée à penser ; afin de ne s'écarter jamais du droit chemin. La méditation & la prévoyance nous procurent cet avantage, d'anticiper sur notre conduite en tout évenement de la vie.

MAXIME CLII.

Ne nous associer jamais à quiconque peut nous effacer.

UN merite extraordinaire entraîne après lui une estime proportionnée. Il joüera toûjours le premier rôle, & son collegue n'aura jamais que le second : deforte que si celui-ci reçoit par hazard quelques loüanges, ce ne seront que comme les restes de l'autre. L'astre de la nuit brille tandis qu'il est seul parmi les étoiles ; mais dès que l'astre du jour se montre, ou bien l'autre ne brille plus, ou bien il disparoît tout-à-fait. Associons-nous, non à qui nous efface, mais à qui nous releve. L'artificieuse *Fabulla* sçut paroître belle par la laideur ou par les rides de ses compagnes. Ne vous exposez donc point à figurer avec un grand merite, pour le servir à vos dépens. Il faut rechercher ceux qui excellent, afin de se former sur eux : mais quand on a son merite fait, il ne faut se mesurer qu'avec ses subalternes en ce point.

MAXIME CLIII.

Eviter de succeder à un grand homme ; & si on s'y engage, que ce soit avec l'assurance de le surpasser.

POur égaler le merite d'un prédecesseur, il faut en avoir une fois plus que lui : c'est une finesse dans le premier que celui qui lui succede le fasse regretter ; & c'en est une aussi dans le second que celui qui l'a précedé ne l'éclipse pas. Il est difficile de remplir un grand vuide : un homme sorti d'emploi paroît encore plus parfait qu'il n'étoit ; on ne le remplacera pas à égalité de merite, parce qu'il a l'avantage de la primauté sur ce point-là même. Il est donc necessaire d'apporter en lui succedant, de plus grandes qualitez; pour qu'il tombe de la haute estime dont il étoit en possession.

MAXIME CLIV.

N'être facile, ni pour ajoûter foi aux gens, ni pour compter sur leur amitié.

LA lenteur à croire ce qui se dit est la marque d'un jugement mûr & solide. Que l'on croye aussi rarement que le mensonge est commun. Quand on s'est legérement laissé persuader, on se trouve après cela bien confus. Cependant on ne doit pas faire connoître qu'on balance sur la foi d'autrui, ce qui seroit une impolitesse, un affront même; ce qui feroit accuser autrui ou d'imposture, ou de trop de credulité. Mais ce n'est pas là le seul inconvenient ; car marquer que l'on ne croit pas les autres, est un indice qu'on est soi-même un menteur ; vû que les deux maux d'un menteur sont de ne point croire & de n'être point cru. C'est prudence dans celui qui écoute de suspendre son jugement ; & pour celui qui parle, qu'il s'en remette à la foi de son Auteur. Une autre sorte d'imprudence est de se livrer trop facilement à l'amitié ; car si le mensonge se trouve dans les paroles, il ne se trouve pas moins dans les œuvres ; & cette erreur est bien plus préjudiciable que la premiere.

MAXIME CLV.

L'art de se contenir dans les bornes de la raison.

Que la réflexion prévienne s'il se peut, une certaine impetuosité propre du vulgaire: c'est ce qui ne sera pas difficile à un homme prudent. Le premier pas à faire pour se régler dans son feu, c'est de remarquer que l'on se passionne; c'est-là comme entrer en possession de soi-même; afin d'examiner jusqu'où précisément il est necessaire d'éclatter: à l'aide de cette réflexion devenuë la maîtresse, on se prête à son gré & l'on met fin à une juste colere. Il faut s'arrêter à temps & tout-à-coup: c'est ce qu'il y a de plus difficile dans la course. Se conserver tranquille dans les fremissemens de la passion, grande preuve de sagesse ? Tout excès
dégenere

dégenere de la raison; mais avec la réflexion dominante dont je parle, jamais elle ne sera foulée aux pieds, jamais on n'en franchira les bornes. Pour dompter une passion, comme pour dompter un cheval, il faut aller toûjours bride en main; on la maîtrise par ce moyen; sans ce moyen on en est maîtrisé.

MAXIME CLVI.

Amis de choix.

LE choix des amis doit être l'ouvrage d'un examen judicieux, & sans aucun égard à leur fortune : ce n'est point assés que le cœur parle pour eux, il faut que la raison les approuve. Ce choix l'un des plus importans de la vie est celui qui se fait avec le moins d'attention : souvent il se fait par l'entremise d'autrui, & plus souvent encore par hazard.

On définit un homme par ses amis : un sçavant ne sympathise point avec des ignorans : car trouver quelqu'un à son gré n'est pas une preuve qu'il soit proprement un ami; on peut le goûter à cause de ses bonnes manieres ; plûtôt que par estime pour sa capacité. En effet il est des amitiés solides, & il en est de superficielles : celles-ci sont pour les amusemens de la vie ; celles-là sont comme des ressources fecondes en conseils sûrs. Peu d'amis du mérite, beaucoup de la fortune. Un seul ami d'un bon esprit est plus utile que cent autres de la meilleure volonté du monde. Que ce soit donc le choix & non le sort qui décide en cette matiere. Un ami prudent sçait épargner bien des déplaisirs, au lieu qu'un imprudent n'est bon qu'à les multiplier. Souhaiter à ses amis une fortune éclatante, c'est comme souhaiter de les perdre.

MAXIME CLVII.

Ne se pas méprendre en hommes.

IL n'est point de pire méprise, ni de plus facile que celle-ci. Il vaut mieux être trompé pour le prix que pour la marchandise. Il n'est rien qu'il soit plus necessaire d'examiner que le fonds de l'homme. Qu'il y a de difference entre comprendre les choses, & connoître les personnes ! la vraie philosophie est de sçavoir distinguer les divers caracteres des hommes ; il est aussi necessaire pour cela de les étudier que les livres pour devenir sçavant.

MAXIME CLVIII.

Sçavoir à quoi sont propres les amis.

CEtte science consiste dans un discernement délicat. Entre nos amis, les uns sont bons éloignez, & les autres de près: tel qui n'est pas bon quelquefois pour la conversation l'est pour la correspondance: l'éloignement couvre certains défauts que la présence rendoit insupportables. Il faut trouver dans ses amis, non pas l'agréable seul, mais aussi l'utile & l'honnête. Un ami doit avoir ces qualitez du *Bien*, ou de *l'Etre*, lesquelles sont, d'être un, *Bon & Vrai*; parce qu'il nous tient lieu de tout. Il est peu d'ami de ce caractere ; & faute de les sçavoir choisir, le nombre en paroît encore plus petit. Sçavoir se faire des amis, c'est moins que de sçavoir se les conserver : cherchons-les tels que leur amitié puisse durer ; & quoique dans ses commencemens elle soit necessairement nouvelle, contentons-nous-en dans l'esperance qu'elle pourra devenir ancienne. Car il est vrai que les anciens amis sont ordinairement les meilleurs, bien que toute autre chose s'use & diminüe de prix avec le temps. Vivre en ce monde sans amis, c'est pis que d'être dans le plus affreux desert : l'amitié contribuë à la felicité de la vie, & en partage les miseres : elle est une ressource à la mauvaise fortune ; & le soulagement d'une ame accablée de souffrance.

MAXIME CLIX.
Sçavoir supporter les sots.

Les habiles gens sont moins endurans que les autres; parce que l'impatience croît à mesure de la capacité; il est difficile de contenter un homme plein de lumieres. La plus grande regle de vie selon Epictete, c'est de souffrir; ce Philosophe réduit à ce point une partie de la Sagesse. S'il faut souffrir toutes les sottises d'autrui, on a besoin d'une patience extrême. Souvent on a plus à souffrir de ceux dont on dépend davantage: ces occasions sont les plus propres pour nous exercer à nous vaincre C'est de la patience que naît la paix inestimable qui fait le bonheur de la vie. Qui ne se sent pas assez de courage pour supporter les autres, qu'il prenne le parti de la retraite; si toutefois il peut se supporter lui-même.

MAXIME CLX.

Parler avec retenuë à nos Antagonistes par précaution, & aux autres par politesse.

IL y a toujours du temps pour placer son mot ; & il n'y en a point pour le retenir échappé. Il faut s'énoncer comme on fait dans un Testament : A moins de paroles, moins de procès. Il est bon de s'essayer sur cela dans les petites choses pour celles qui sont importantes. Le silence a je ne sçais quel air d'Oracle. Un homme trop vif à parler est toujours sur le point d'avoir du dessous, & d'être confondu.

MAXIME CLXI.

Défauts favoris.

L'Homme le plus parfait ne se défend gueres de certains défauts; il les épouse même, pour le dire ainsi, ou il les entretient; on en a dans l'esprit, & de plus grand, à mesure que l'on a plus d'esprit; ou du moins ils se remarquent davantage : ce n'est pourtant pas que celui qui a ces défauts les ignore, mais c'est qu'enfin il les aime. Deux maux réünis ensemble ; se passionner, & cela pour des défauts. Les défauts sont toujours des taches à la perfection, & choquent autant les autres qu'ils plaisent à ceux qui les ont. Qu'il est beau de se vaincre sur ce point, & de rendre ainsi à ses propres perfections tout leur merite! On en revient toujours aux défauts ; & au lieu
d'applaudir

d'applaudir avec les autres à des choses dignes d'admiration, on s'arrête à une tache qui dépare, à ce que l'on prétend, toutes les belles qualitez.

MAXIME CLXII.

Sçavoir triompher de l'envie & de la haine.

Mepriser l'envie & la haine, c'est peu de chose aujourd'hui ; quoique ce soit sagesse : la grandeur d'ame va aujourd'hui plus loin : dire du bien de qui dit du mal, c'est ce qui ne sçauroit être assez loüé. Il n'est point de plus heroïque vengeance que celle de vaincre l'envie, & de l'affliger par la voye même des bienfaits & des belles qualitez qui en font les sources. Chaque succès d'un rival envié est un coup de poignard pour l'envieux : & la gloire du premier eſt l'enfer de l'autre. La plus grande punition d'un homme, dit le Proverbe, c'eſt que le bien d'autrui ſe tourne pour lui en poiſon. Autant de fois que les applaudiſſemens ſe renouvellent en faveur d'un rival, c'eſt pour l'envieux ſouffrir la mort autant de fois : il ſe fait ici comme une concurrence entre la réputation perſévérante de l'un & la douleur continuelle de l'autre ; dans l'un la gloire s'immortaliſe, & dans l'autre la punition s'éterniſe en quelque ſorte ; la trompette de la Renommée qui annonce à l'un l'immortalité, annonce la mort à l'autre, qu'elle condamne au deſeſpoir de jamais voir ſon envie ſatisfaite.

MAXIME CLXIII.

Ne s'attirer jamais la disgrace d'un homme puissant par une compassion sterile pour le malheur d'un autre.

LE bonheur des uns est communément le malheur des autres : tel ne seroit pas heureux si plusieurs même n'étoient pas malheureux. C'est le propre des infortunez de gagner l'affection de bien des gens : il semble que par cette bienveillance sterile on croye dédommager des mauvais traitemens de la fortune. Quelquefois même un homme que tout le monde détestoit dans la prosperité, tout le monde le plaint dans l'adversité; on le voyoit avec un esprit de vengeance dans l'élevation, & on le regarde avec des yeux de compassion dans l'abattement. Mais ceux qui ont de la sagacité s'occupent alors à faire leurs refléxions sur les revers de la fortune. Plusieurs ne vont jamais qu'avec des gens disgraciez; & celui qu'ils évitoient hier parce qu'il étoit heureux, ils le recherchent aujourd'hui parce qu'il est malheureux : il peut y avoir quelquefois en cela de la noblesse d'ame ; mais l'esprit de conduite n'y est pas.

MAXIME CLXIV.

Jetter comme en l'air quelques paroles.

IL s'agit de tenter comment les choses seront reçûës, & surtout celles dont l'agrément & le succès sont douteux : on assure ainsi ses démarches, & l'on se met au large ou pour avancer ou pour reculer ; ainsi l'on sonde la disposition des cœurs, & on voit sur quoi l'on peut prudemment compter. Précaution excellente, soit pour demander avec honneur une grace, soit pour placer avec convenance son amitié, soit pour gouverner avec succès.

MAXIME CLXV.

Faire bonne guerre.

ON peut bien obliger un honnête homme d'entrer dans un démêlé ; mais on ne gagnera jamais sur lui qu'il n'y aille pas de bonne guerre. Chacun doit agir selon son caractere, & non point par celui d'autrui. Une ame loyale se distingue bien dans un differend : on doit alors se défendre pour l'emporter non seulement par la force du bon droit, mais encore par la maniere. Vaincre par de mauvaises voyes ce n'est point un triomphe ; c'est une défaite. La grandeur d'ame fut toujours supérieure à tout : elle se garde bien d'user d'armes défenduës, telles que sont, par exemple, celles d'une amitié passée, contre la haine qui vient de lui succeder; c'est-à-dire, qu'elle ne se prévaut jamais des confidences pour se venger. Tout ce qui a quelque air de perfidie flétrit la réputation la plus saine. La moindre bassesse est aussi incompatible avec les grands personnages, que la roture est éloignée de la noblesse. Ambitionnez cette gloire, que si la probité, la générosité, & la fidélité étoient bannies de tous les cœurs, on les trouveroit ces vertus dans le vôtre.

MAXIME CLXVI.

Sçavoir distinguer un homme qui n'a que des paroles, d'avec celui qui vient aux effets.

C'Est ici la même nécessité, que celle de sçavoir distinguer l'ami de la personne, & l'ami de la fortune: amis bien differens. Quand on ne donne pas de bonnes paroles, & qu'il ne s'ensuit nul mauvais effet, c'est un mal: c'est pis encore, quand on donne de bonnes paroles, & qu'il ne s'ensuit nul bon effet.. On ne se repaît pas de paroles, parce qu'on ne se repaît pas de vent: & on ne se contente pas des honnêtetez qui ne sont qu'une façon polie de tromper. Ce n'est que pour éblouïr les oiseaux qu'on leur fait la chasse au flambeau. Les ames vaines se payent de belles paroles en l'air. Comme les paroles doivent être des arrhes pour les effets, elles doivent avoir leur valeur. Les arbres qui ne donnent que des feüilles, n'ont point de cœur ordinairement; il faut les diftinguer des autres, ceux-ci pour le profit, & ceux-là pour l'ombre.

MAXIME CLXVII.

Se sçavoir aider.

DAns les plus preffantes angoiffes de la vie, un grand courage eft la meilleure efcorte, pour le dire ainfi : & s'il venoit lui-même à s'affoiblir, tous les autres fecours de l'ame doivent le ranimer. Les peines diminuent de beaucoup pour quiconque fçait s'aider. Que l'on ne cede pas à l'adverfité, elle deviendroit bientôt infupportable. Plufieurs ne s'aident gueres dans la fouffrance, & l'augmentent faute de courage. Celui qui se connoît déja lui-même supplée à sa foiblesse par de fortes réfléxions. Le sage se tire de tout avec honneur, eût-il contre lui & les vents & les étoiles.

MAXIME CLXVIII.

Ne donnez point dans des folies monstrueuses.

LEs étourdis, les présomptueux, les opiniâtres, les fantasques ; les hommes infatuez d'eux-mêmes, singuliers, précieux, extravagans ; les inventeurs de contes, les faiseurs de paradoxes, les gens de parti ; en un mot toutes especes d'hommes qui ont l'esprit ainsi dérangé, sont autant de monstres de folie, autant de monstres d'impertinence. Tout travers dans l'esprit est plus affreux qu'aucun défaut du corps ; parce que le premier défigure la beauté de l'ame, qui est d'un ordre infiniment superieur à l'autre. Mais qui corrigera ces folies aussi communes, qu'elles sont monstrueuses? où la raison manque, le conseil n'a pas lieu; bien loin de faire attention que ces impertinences attirent la risée du Public, on a la vanité de croire qu'elles en attirent les applaudissemens.

MAXIME CLXIX.

Etre plus attentif à ne pas faillir une seule fois qu'à réüssir cent autres fois.

Personne presque ne regarde le soleil, lorsqu'il luit; & tous le regardent lorsqu'il s'éclipse. L'attention du vulgaire n'est point à compter les merites, mais à compter les fautes. Les scelerats sont plus connus par les plaintes, que les gens de bien par les éloges. Plusieurs n'ont cessé d'être inconnus que pour avoir failli. Toutes les belles actions du monde ne suffisent point pour effacer la moindre tache. Que l'on ne se trompe donc point ici ; & que l'on sçache que la malignité remarque tout ce qu'il y a de mauvais dans autrui, & rien de ce qu'il y a de bon.

MAXIME CLXX.

User de menage & de réserve en toutes choses.

IL ne faut pas employer à la fois tout son fonds, ni montrer toutes ses forces. En matiere même de science, il doit y avoir une sorte d'œconomie : par-là, le merite double de prix. Que l'on ait toûjours une ressource dans le peril d'une mauvaise issuë : un secours, un corps de réserve fait plus qu'une armée qui seroit aux mains ;

parce qu'il a sa réputation de valeur à soutenir. La conduite de la prudence fut toûjours la précaution : & c'est en ce même sens que ce paradoxe ingenieux est très-vrai : *La moitié vaut plus que le Tout.* C'est-à-dire, qu'*une moitié du Tout mise en réserve vaut plus que le meme Tout sans œconomie.*

MAXIME CLXXI.

N'abuser pas de son credit.

LEs amis de conséquence sont pour les occasions importantes. Employer un grand credit pour des bagatelles, c'est le prodiguer. On garde toûjours l'*Ancre sacrée* pour le danger le plus pressant. Si la dépense en de petites choses, est excessive ; que restera-t'il enfin au necessaire ? Rien n'est au-dessus d'un ami puissant : rien n'est plus précieux que la faveur : elle fait tout dans le monde, elle bâtit, elle détruit, elle donne même l'esprit, ou elle l'ôte : la fortune envie toûjours aux sages les bienfaits de la nature, & les récompenses de la renommée. Il importe plus de sçavoir conserver ses protecteurs que ses biens.

MAXIME CLXXII.

Ne se compromettre pour quoi que ce soit avec un homme qui n'a rien à perdre.

LA partie est trop inégale dans un compromis, où l'un des deux ne s'embarrasse de rien, ne hazarde rien, n'a rien à perdre ; vû qu'il passe même pour avoir perdu toute pudeur : ainsi il s'abandonne tête baissée à toutes sortes d'impertinences. On ne doit jamais exposer à un pareil risque sa réputation, ce trésor inestimable ; elle a coûté tant d'années à acquerir, & on la perdroit en un moment de petite picque. Une mauvaise plaisanterie fletrit une gloire achetée par bien des sueurs. La consideration qu'un honnête homme a dans le monde le fait penser qu'il a beaucoup à perdre; attentif à sa réputation, il l'est à ce qui peut y nuire: comme il ne se commet jamais sans réflexion, il use aussi d'une telle retenuë, qu'elle laisse le temps à sa prudence pour se retirer à propos, & mettre sa réputation à couvert: car en ces rencontres avec l'avantage même, on ne gagne jamais ce que l'on a déja perdu, en s'exposant à perdre.

MAXIME CLXXIII.

Dans le commerce du monde, & encore moins dans celui de l'amitié, ne soyons point de ces hommes délicats que tout blesse.

IL y a des gens qui rompent aisément avec qui que ce puisse être : ils font voir par-là leur foiblesse : ils se remplissent la tête de mille prétendus griefs : & accablent les autres d'ennui. Espece d'hommes plus sensibles que ne l'est la prunelle de l'œil : on n'oseroit pas leur toucher, soit qu'on le prenne sur un ton badin, soit qu'on le prenne sur un ton serieux. Un rien est assez pour les offenser : car un geste c'en seroit trop : quiconque les pratique doit infiniment s'observer, être attentif à toutes leurs délicatesses, compasser toute sa figure, de peur que la plus legere negligence à leur égard ne les déconcerte : Hommes uniquement pour eux-mêmes, pleins d'amour propre ; idolâtres de leur petit honneur, auquel ils facrifieroient tout au monde. La vraie amité tient beaucoup de la nature du diamant ; elle en doit avoir & la durée & la fermeté.

MAXIME CLXXIV.

Ne fe point hâter de vivre.

Sçavoir partager les chofes, c'eft fçavoir en jouir. Plufieurs ont de la vie de refte ; & du bonheur, il n'en eft pas de même : c'eft chez eux une profufion plûtôt qu'un ufage raifonnable de leurs jours : ils voudroient bien revenir fur leurs pas, lorfqu'ils fe trouvent fi avancez dans leur carriere, où ils courent la pofte pour ufer de cette expreffion : à

la

la vitesse ordinaire du temps, ils ajoûtent leur impetuosité naturelle : ils dévoreroient volontiers en un jour, ce qu'ils pourroient à peine digerer en toute la vie : ils anticipent sur le bonheur des années à venir, dont ils épuisent les fonds : en un mot ils vont si vite en tout, qu'ils se voyent bientôt à la fin de tout. La passion de sçavoir doit être réglée, de crainte qu'on ne sçache les choses que très-superficiellement. Il y a plus de jours que de prosperitez. Dans la jouissance, de la moderation; dans l'action de la diligence : une affaire finie est une excellente chose ; un bonheur passé, est tout le contraire.

MAXIME CLXXV.

L'homme solide.

Quand on est de ce caractere, on s'accommode difficilement de ceux qui ne l'ont pas. Miférable avantage d'être élevé au-deſſus des autres, ſans avoir du fonds. Tous ceux qui paroiſſent des hommes ne le ſont pas: il y en a pour le dire ainſi, d'imaginaires qui ne conçoivent que des idées creuſes, & qui n'enfantent que des illuſions: d'autres comme eux chimeriques les accreditent; & l'incertain, parce que l'impoſture leur promet *le beaucoup*, ils le préférent au certain, parce que la verité ne leur promet que *le peu*. Toutes ces imaginations qui n'ont point la raiſon pour fondement, à la fin aboutiſſent mal. Il n'y a que le vrai qui puiſſe donner une vraie réputation; il n'y a que le ſolide qui puiſſe être mis en œuvre avec fruit. Une illuſion a beſoin de pluſieurs autres; c'eſt une eſpece d'édifice conſtruit de chimeres, & cet édifice n'étant bâti qu'en l'air, il faut neceſſairement que tout tombe. Un projet d'abord mal conçu ne fait pas fortune; c'est assez des grandes choses qu'il promet, pour être suspect. *Qui prouve trop, ne prouve rien.*

MAXIME CLXXVI.

Sçavoir, ou écouter ceux qui sçavent.

L'Esprit est absolument necessaire dans la vie; il faut en avoir ou de son fonds, ou *d'emprunt*. Il y a bien des gens qui ignorent qu'ils ne sçavent rien : & bien d'autres qui pensent sçavoir ce qu'ils ignorent. Certains défauts dont l'ignorance est le principe, sont sans remede; car comme les ignorans ne se connoissent point eux-mêmes, ils sont bien éloignez de chercher ailleurs ce qui leur manque. Quelques-uns seroient habiles, s'ils n'étoient pas persuadez qu'ils le sont. Ainsi les oracles vivans de la sagesse, tout rares qu'ils sont, demeurent oisifs; parce que personne ne les consulte. La consultation ne déroge ni à la dignité, ni à la capacité; elle accredite au contraire l'une & l'autre, lorsque le conseil vient de bonne source. Avant toutes choses, dit le proverbe, disputez bien à l'aide de la raison: afin que le succès après cela ne vous soit pas disputé.

MAXIME CLXXVII.

Eviter la trop grande familiarité dans la conversation.

Nous ne devons ni nous permettre trop de familiarité à l'égard des autres; ni leur en permettre trop à notre égard. Quand on se familiarise on perd bientôt l'autorité que donnoit ou le rang, ou le merite; & cette perte est suivie de celle de l'estime qu'on avoit pour vous. Les aſtres-mêmes du firmament ſe conſervent dans leur ſplendeur, en ne ſe commettant point, pour le dire ainſi, avec les êtres de ce bas monde. La dignité attire le reſpect, & la familiarité, le mépris. C'eſt le ſort des choſes humaines qu'on les mépriſe d'autant plus qu'on les eſtimoit davantage. En ſe familiariſant trop, on fait voir des imperfections que la retenuë couvroit. Il ne faut ſe familiariſer avec qui que ce ſoit, ni avec ſes ſuperieurs, ni avec ſes inferieurs, ni avec de petites gens; à l'égard des premiers, il y a du danger à le faire; à l'égard des ſeconds, il y a une ſorte d'indécence; à l'égard des derniers qui ſont inſolens par bêtiſe, bien loin de croire qu'alors on leur fait honneur, ils croiroient qu'on leur en doit encore de reſte. Trop de facilité met comme de niveau avec le vulgaire.

MAXIME CLXXVIII.

Croire ce que le cœur nous dit; & encore plus, lorsque nous en avons éprouvé les effets.

CE que le cœur nous dit, est communément un pronostic des choses qui nous importent le plus. Le cœur est en ce sens comme un oracle intérieur dont il faut écouter la voix. Plusieurs ont peri de la maniére qu'ils l'appréhendoient ; mais que leur servoit de l'appréhender, s'ils n'alloient pas au-devant du mal ? Dans quelques-uns le cœur est toûjours fidele à les avertir, & à leur montrer le danger; afin qu'ils se précautionnent: avantage d'une naissance privilegiée. Ce n'est pas prudence de se présenter aux maux de la vie pour les recevoir, mais bien de les prévenir, pour en triompher dans le temps.

MAXIME CLXXIX.

La retenuë met comme le sçeau à l'habileté.

C'Est une lettre ouverte qu'un homme qui n'a pas de secret. Chez les gens habiles tous les secrets y sont, comme certains monumens curieux en des soûterrains inconnus, vastes, profonds. La retenuë naît d'un grand empire sur soi : & c'est veritablement triompher que de se vaincre de la sorte. Autant de gens à qui nous découvrons notre secret, autant deviennent à notre égard comme des souverains dont on dépend. C'est dans la modération interieure que consiste la sûreté de la discretion pour parler. Les dangers de la retenuë, ce sont les tentatives d'autrui ; c'est de contredire un homme pour le tourner de tous les sens ; c'est de lui jetter quelques paroles qui le picquent, & le fassent sortir de son sang froid : mais alors le sage sçait se contenir plus que jamais. Les choses qui se doivent faire, il ne faut point les dire ; & les choses qui se doivent dire, il ne faut point les faire.

MAXIME CLXXX.

Le dessein d'un rival habile ne doit jamais nous être une régle fixe de conduite à son égard.

UN homme de peu d'esprit ne se réglera point sur les vûës d'un autre qui en a beaucoup ; parce qu'elles sont au-dessus de sa portée ; un homme habile ne le fera pas non plus ; parce qu'il voudra déconcerter le dessein de son rival qu'il a pénétré, & auquel il s'est préparé. Les choses se doivent ici balancer des deux côtés,

on

on doit les tourner de l'un & de l'autre ; en telle forte qu'on les difpofe à deux iffuës : les fentimens du même homme font variables : que l'on fe tienne, pour le dire ainfi, dans un équilibre d'efprit moins attentif, pourtant à ce qui fera, qu'à ce qui peut arriver.

MAXIME CLXXXI.

Sans mentir, ne pas dire toutes les veritês.

RIen ne demande plus de précaution que la verité; le cœur faigne, lorfqu'en certaines rencontres, on eft obligé de la dire : il faut autant de fageffe pour la dire que pour la taire. Un feul menfonge ôte à la probité tout fon crédit. Une fupercherie eft appellée un manque de bonne foi; & le trompeur eft qualifié homme faux, ce qui eft pis. Toutes les veritez ne sont pas propres à dire ; les unes parce qu'elles nous regardent, celles-là, parce qu'elles regardent les autres.

MAXIME CLXXXII.

Il est d'une prudence necessaire au merite, d'avoir un peu de hardiesse.

IL ne convient point de se former une si grande idée des hommes, que leur présence doive faire trembler, quels qu'ils soient. Que le courage ne plie jamais sous l'imagination. Quelques-uns paroissent des hommes importans, lorsqu'on n'a nul rapport avec eux ; mais leur commerce dissipe l'illusion, bien loin de nous les faire estimer. Personne ne passe la sphere bornée de l'humanité : tous ont leur défaut ; les uns dans l'esprit, les autres dans leur talent même. Le rang donne une autorité apparente, & rarement accompagnée de quelque bonne qualité personnelle : car la fortune balance, compense ordinairement la superiorité du poste par l'inferiorité du merite. L'imagination fait bien du chemin, & se représente toûjours les objets beaucoup au-delà de ce qu'ils sont : elle ne s'en tient pas au réel, elle s'étend plus loin que le possible : c'est à la raison détrompée par tant d'experiences, de la corriger. Il ne sied ni à l'ignorance d'être audacieuse, ni à l'habilité d'être timide. Si une confiance raisonnable est avantageuse à un homme tout simple & tout uni ; combien doit-elle l'être à un homme d'un grand merite, d'une grande capacité.

MAXIME CLXXXIII.

N'avoir point une trop forte attache à son opinion.

Tous les sots sont des entêtez, & tous les entêtez sont des sots : plus leur opinion est erronée, plus leur opiniâtreté est grande. Lors même qu'on a pour soi l'évidence, il est honnête de ceder ; les autres n'ignorent pas pourquoi on le fait, & que c'est par pure politesse. On perd plus par une opiniâtreté outrée que l'on ne gagne par un avantage remporté ; c'est pousser la rusticité à l'extrême, & non point défendre la verité. Il y a des têtes de fer, que l'on a toutes les peines du monde à convaincre : leur maladie devient irrémediable, quand l'humeur se joint en eux à la prévention ; les voilà livrez pour jamais à l'extravagance. C'est au courage & non pas à l'esprit qu'il n'est point permis de ceder. Cependant il est des circonstances, où se rendre, ce seroit faire une double perte; l'une du côté de la raison qui doit alors prévaloir à tout; l'autre du côté de l'éxecution d'une affaire sans cela manquée.

MAXIME CLXXXIV.

N'être point trop sur le ceremonial.

Autrefois un Roi même fut publiquement taxé de singularité pour affecter le céremonial. Un caractere pointilleux en ce genre est ennuyant à la mort. Cependant des nations entieres gardent & exigent le cérémonial jusqu'au scrupule. Ces minuties, semblables aux petits points du vétement de la folie, ne conviennent qu'à certains idolâtres d'un honneur qu'ils se croyent dû : mais ils montrent bien que leur prétention n'a gueres de fondement; puisque la moindre chose est capable de le blesser cet honneur. Il est à propos de marquer du respect; mais sans se faire passer pour un grand observateur de tout le cérémonial. Cependant il est vrai d'ailleurs qu'un homme qui ne s'observe pas sur certaines politesses doit avoir de grandes qualitez pour en être dispensé : car s'il ne faut pas les affecter ces politesses, il ne faut pas non plus les mépriser. En matiere d'égards, trop de délicatesse est la marque d'un petit genie.

MAXIME CLXXXV.

N'exposer jamais sa réputation à une premiere & unique épreuve; parce que si l'on ne réüssit pas le mal est irréparable.

IL est très-ordinaire de manquer une fois, & sur-tout la premiere. On n'est pas toûjours prêt à point nommé; delà le proverbe: *ce n'est pas mon jour,* ou bien *c'est mon jour.* Que l'on fasse donc ensorte que la seconde fois puisse réparer la premiere, si l'on a manqué celle-ci; & si on a réüssi la premiere fois, que ce soit une caution, une assûrance pour la seconde. Il faut toûjours aspirer au meilleur & prétendre encore davantage. Les choses dépendent de tant de hazards que le bon succès est un extrême bonheur.

MAXIME CLXXXVI.

Reconnoître toûjours le vice pour vice; quelque autorisé qu'il soit.

Sous quelque magnifique parure que soit le vice, la probité ne le méconnoit point: Une couronne d'or lui ceint quelquefois le front, mais elle ne peut cacher qu'il est de fer: il ne perd rien de sa bassesse, qu'il couvre en vain de la noblesse de ses partisans: le vice peut bien être élevé en honneur; mais il ne sera jamais l'honneur même; c'est-à-dire, *la vertu*. La plûpart remarquent assez qu'un Heros avoit tel vice; mais ils ne font pas attention que ce n'étoit point par ce vice qu'il fut un Heros. L'exemple d'un homme extraordinaire est un orateur qui persuade les infamies mêmes. La flatterie a quelquefois affecté jusqu'aux difformitez du corps; mais les flateurs ne fongeoient pas que fi l'on paffoit au Souverain ces défauts, on les trouvoit affreux dans le fujet.

MAXIME CLXXXVII.

Faire par foi-même tout ce qui eft de faveur, & tout ce qui eft odieux le faire par autrui: l'un gagne l'affection, & l'autre met à l'abri de la haine.

IL eft plus agréable aux grands hommes de faire du bien que d'en recevoir: c'eft-la le vrai bonheur de leur générofité. Il eft rare de donner du chagrin, fans que l'on s'en reffente, ou par commiferation, ou par répréfailles. Les caufes fuperieures n'agiffent jamais fans éloge, ou fans blâme: que le bien vienne immédiatement d'elles, & que le mal vienne d'une caufe fubordonnée. Il faut avoir des gens sur qui retombent les coups, qui sont le mécontentement, les plaintes, la haine. La fureur du peuple ne connoissant point la cause de son mal necessaire, s'en prend à celui qui n'en est que l'instrument; & ainsi le subalterne ambitieux porte la peine du maître.

MAXIME CLXXXVIII.

Apporter toujours dans le commerce du monde quelque chose qui merite d'être loüé.

C'Est-là premierement la marque certaine d'un bon goût, d'un goût formé sur les meilleures choses, & auquel on peut sûrement s'en rapporter. Qui sçait sentir la perfection, sçait conséquemment l'apprécier: il donne matiere à l'entretien, & à l'imitation tout ensemble par les belles connoissances qu'il y met en jour:

D'ailleurs son procedé est aussi une maniere fine d'attirer des honnêtetez aux personnes présentes qui ont les perfections dont il parle. D'autres au contraire apportent toûjours quelque chose à blâmer; & par le mépris des absens cherchent à flatter ceux qui sont présens : ils ne peuvent plaire qu'à des hommes superficiels qui ne pénétrent pas l'artifice de parler si mal des uns en présence des autres. Il y en a quelques-uns enfin dont la maniere est d'estimer plus une chose mediocre d'aujourd'hui qu'une excellente du jour précedent. Un homme d'esprit observe ces diverses façons d'agir dans les deux derniers caracteres : ni l'exageration des uns ne l'étonne; ni la flatterie des autres ne lui donne de la vanité : il voit que ces sortes de gens tournent également des deux côtez ; qu'ils changent de sentiment selon les personnes, & qu'ils s'accommodent aux differens endroits où ils se trouvent.

MAXIME CLXXXIX.

Sçavoir mettre en œuvre le besoin d'autrui.

SI la privation d'une chose est jointe au desir de l'avoir, c'est une espece de torture pour tirer d'un homme ce que l'on voudra. La privation au sentiment des philosophes n'est rien : selon les politiques, c'est tout ; les derniers l'ont mieux connuë que les autres. Il y a des gens qui du desir d'autrui sçavent faire un moyen propre pour arriver à leur fin : ils se prévalent de l'occasion, & irritent le desir par la difficulté de le satisfaire : ils esperent bien plus de la vive ardeur qui accompagne la passion, que de la froide indolence qui suit ordinairement la possession : ils n'ignorent pas que le désir s'échauffe, à mesure que la résistance augmente. Retenir toûjours les gens dans la dépendance, est un grand art pour parvenir à ses desseins.

MAXIME CXC.

Trouver de quoi se consoler en tout.

LEs gens mêmes les plus inutiles en ce monde ont de quoi se consoler; & c'est de penser qu'éternellement il y en aura comme eux. Il n'est point d'ennui sans quelque honnête ressource: pour ce qui est des sots ils ne manquent pas de consolation; le bonheur les suit partout. Il ne faut qu'être sans aucun merite pour vivre long-temps : un meuble vil & à demi usé sert toûjours ; jusqu'à nous lasser même de le voir. On diroit que la fortune porte envie aux hommes les plus necessaires; elle les égale autant qu'il se peut aux plus inutiles ; puisque le merite des uns est condamné à une vie courte ; & que l'inutilité des autres est dédommagée par de longs jours. Tous ceux en effet dont la vie importe beaucoup on les voit disparoître, tandis qu'un homme qui n'est bon à rien ou que l'on croit tel, reste toûjours. La fortune & la mort semblent s'accorder ensemble pour oublier un malheureux.

MAXIME CXCI.

Ne se payer pas d'une politesse excessive, laquelle n'est qu'un charme trompeur.

Quelques-uns, sans avoir besoin d'emprunter l'art de Medée sçavent enchanter : Il leur suffit de se présenter avec un certain air gracieux pour charmer (j'entens pour charmer les duppes, les hommes vains qui font grands cas d'un petit honneur, & se repaissent de belles paroles.) Qui promet tout ne promet rien : une promesse n'est comme un pas glissant, que pour les sots. La vraie politesse est un devoir : la politesse affectée ou excessive est une imposture ; une bassesse plûtôt qu'une bienséance ; ce n'est point alors la personne, mais la fortune que l'on révere ; ce n'est point dans la persuasion de ses belles qualitez qu'on le flatte, mais dans la vûe des avantages qu'on espere de lui.

MAXIME CXCII.

On vit long-temps, quand on est d'un esprit paisible.

SI nous voulons vivre, laissons vivre les autres. Les hommes pacifiques ne vivent pas simplement, ils regnent. Il faut entendre & voir, mais se taire. Au jour passé sans dispute succede une nuit tranquille. Avoir une vie & longue & douce c'est vivre pour deux; & c'est le double fruit de la paix de l'ame. Celui-là possede tout qui ne s'inquiéte point de ce qui ne le regarde pas. Il n'est rien de plus déraisonnable que de se faire une affaire de tout : folie égale à celle d'un homme qui s'interesseroit à tout ce qui ne l'interesseroit point, & qui ne prendroit nulle part à tout ce qui l'interesse.

MAXIME CXCIII.

Soyons attentifs aux gens qui sous l'apparence de nos interêts n'ont en vûë que leur propre avantage.

IL n'est point d'autre sûreté contre la finesse que la réflexion. *A un homme d'esprit, un bon entendeur.*

deur. Pour quelques-uns les affaires d'autrui font un moyen de faire les leurs propres : si l'on n'a pas le secret de pénétrer leurs intentions, on se trouve tous les jours dans la necessité de les servir à ses dépens.

MAXIME CXCIV.

Avoir des sentimens modestes de soi-même, surtout lorsqu'on n'a point encore d'experience.

Tous conçoivent de hauts sentimens d'eux-mêmes, & & plus encore ceux qui en ont moins de sujet. Chacun se bâtit en idée sa fortune & se croit un prodige. L'esperance nous engage inconsidérement, & l'experience qui la suit nous laisse les mains vuides : ainsi la connoissance du réel détrompe l'esprit chimerique, & fait en même-temps son supplice : c'est à la prudence d'empêcher ou de corriger de pareils écarts. Quoiqu'il soit permis d'aspirer au meilleur, il faut s'attendre toûjours au pire ; afin de recevoir tranquillement ce qui nous viendra. Il y a de l'art à viser un peu au-dessus du but pour y toucher : il y auroit de l'imprudence à vouloir d'abord viser trop haut pour les emplois ; & c'est ici une idée qu'il faut absolument réformer : la présomption aveugle ordinairement ceux qui n'ont nulle experience. Comme il n'est point de remede plus universel contre tous les écarts, que le bon sens ; chacun doit s'appliquer à bien connoître l'étenduë de sa sphere, & de son état : alors on pourra régler ses vûës sur le réel & sur le vrai.

MAXIME CXCV.

Sçavoir estimer tout le monde.

IL n'y a personne qui ne puisse être le maître d'un autre en quelque chose : celui-là même qui excelle trouve qui le surpasse. Sçavoir profiter avec chaque particulier, c'est une utile science. Le sage estime tout le monde ; parce qu'il remarque le bon de chacun, & qu'il sçait ce que coûtent toûjours les bonnes choses. Un sot méprise tout le monde ; parce qu'il ignore ce qui est bon, & qu'il choisit toûjours le pire.

MAXIME CXCVI.

Connoître son étoille.

QUique ce soit n'est si dépourvû de merite qu'il n'ait son étoille ; & si l'on est malheureux, c'est parce qu'on ne la connoît pas. Quelques-uns ont un libre accès chez les Princes & chez les Grands, sans sçavoir ni comment ni pourquoi; c'est à leur destinée toute seule qu'ils doivent cette faveur; il ne leur reste plus qu'à s'aider de leur industrie: d'autres ne sont bien venus que chez les sages: l'un est plus agréable à une nation qu'à une autre, & plus goûté dans cette Ville-ci que dans celle-là: on se trouve plus content dans un emploi que dans un autre où les avantages sont égaux, sont les mêmes à tous égards. Le destin tourne les choses de la maniere & selon le temps qu'il lui plaît; c'est à chacun d'examiner le sien; aussi bien que son talent: de cette connoissance dépend le bonheur ou le malheur de la vie: après cela néanmoins il faut encore sçavoir seconder & suivre sa destinée & son genie, s'écarter sur l'un de ces deux points, ce seroit comme prendre un Pole pour l'autre.

MAXIME CXCVII.

Point de liaison avec les sots.

CE seroit être un sot soi-même, que de ne connoître pas les sots; & ce seroit l'être encore davantage, si on ne les évitoit pas quand on les connoît. Il est dangereux d'avoir avec ces gens-là le moindre commerce; & il est sûrement préjudiciable de les admettre dans sa confidence: leur propre crainte & la crainte d'autrui les contiennent quelque temps : mais enfin ils parleront, ils en feront la folie, qui n'aura été suspenduë que pour éclater davantage. Ces hommes décreditez en quoi peuvent-ils être utiles aux autres ? Ils sont les plus miserables créatures du monde : l'impertinence est tellement leur attribut ; que l'une succede toûjours à l'autre dans leur conduite. Après tout, ils ne laissent pas d'être bons à une chose : car quoique l'exemple des sages soit leur fort inutile, le leur ne l'est pas aux sages pour s'instruire & pour se précautionner à leurs dépens.

MAXIME CXCVIII.

Sçavoir se transplanter.

IL y a des gens qui pour être estimez ce qu'ils valent, doivent s'établir ailleurs que dans leur patrie : surtout s'ils ont de grandes prétentions. La patrie est ordinairement comme la marâtre des merites superieurs : l'envie y regne sur ce point, comme dans son élement : on s'y souvient bien plus de la mediocrité d'un compatriote commençant, que de la perfection à laquelle il est ensuite parvenu. Une bagatelle parce qu'elle vient d'un autre monde est estimée: un petit Ouvrage de verre est quelquefois préferé par la même raison, à un diamant. Tout ce qui est étranger a son prix, soit précisément à cause qu'il est étranger, soit à cause de la perfection qu'on y trouve, ou de celle que l'on y met. On a vû des hommes méprisez dans un coin de leur Province: & après cela élevez en honneur, estimez également de leurs compatriotes & des étrangers : de ceux-ci, parce qu'ils étoient d'un autre païs : de ceux là, parce qu'ils en étoient éloignez. Un Païen n'adorera pas volontiers sur l'Autel sa Divinité de bois, qu'il aura vûë tronc d'arbre dans son champ.

MAXIME CXCIX.

Sçavoir se produire en homme sage, & non point en homme intrigant.

LE moyen sûr d'obtenir l'estime des hommes, c'est le merite ; & si l'industrie l'a pour fondement, on ne sçauroit manquer de parvenir à sa fin : le merite tout seul n'y suffit pas ; l'industrie toute seule y est un moyen indigne : alors les choses deviennent bientôt si méprisables, qu'on les met avec dédain au rebut. Tout consiste donc ici à avoir du merite, & à sçavoir l'art de le produire.

MAXIME CC.

Avoir toûjours quelque chose à desirer.

ON cesseroit d'être heureux ici-bas dans son bonheur même, si nul desir n'y étoit mêlé. Ce que la respiration est pour la vie du corps, le desir l'est pour la vie de l'ame. C'en seroit assez d'être le maître de tout pour se dégoûter, & s'ennuyer de tout. L'esprit même ne seroit pas content, s'il n'avoit plus rien à apprendre: il lui faut de quoi satisfaire toûjours sa curiosité naturelle. L'esperance entretient le bonheur; & le rassasiement l'empoisonne. Dans les récompenses, c'est sagesse de laisser toûjours quelque chose à esperer; tout est à craindre des gens qui n'en attendent plus rien. Triste bonheur que celui qui mettroit fin ici-bas à tous les defirs, il ne resteroit plus de place qu'à la crainte.

MAXIME CCI.

Tous ceux qui paroissent fous, le sont; & même la moitié de ceux qui ne le paroissent pas.

LA folie s'est toûjours accruë, à mesure que les hommes se sont multipliez sur la terre; & s'il y a quelque sagesse, elle est folie en comparaison de la sagesse d'en-haut. Le plus fou des hommes est celui qui ne croit pas l'être, & qui croit que tous les autres le sont. Pour être sage ce n'est pas assez de le paroître, encore moins de le paroître à ses propres yeux. Le vrai sage est celui qui ne pense pas l'être ni le paroître: un homme qui ne voit point, ne voit pas que les autres voyent. Bien que le monde soit rempli de fous, pas un ne s'avise de penser, de soupçonner même qu'il soit fou.

MAXIME CCII.

Qui sçait & parler & agir est un homme parfait.

ON ne doit jamais dire que des choses sensées, & ne jamais faire que des actions d'honneur: l'un vient d'une raison parfaite, l'autre d'un cœur noble; & de ces deux qualitez une superiorité d'ame en est le principe.. Les paroles en comparaison des faits ne sont que comme les ombres dans un tableau, ne sont que comme les femmes comparées aux hommes pour la force. Il vaut infiniment mieux être le heros que l'auteur d'un Panegyrique : il est aisé de dire, & il est difficile de faire : les actions sont comme le fonds de l'homme, & les sentences en sont comme l'ornement : les grandes actions restent, & les paroles passent : les actions sont les fruits des refléxions. Les uns ont la sagesse en partage, & les autres le merite propre de l'action.

MAXIME CCIII.

Connoître les qualitez éminentes de son siecle.

IL est peu de ces sortes de qualitez. Il n'y a qu'un Phœnix dans le monde. Un siécle entier fournit au plus un grand Capitaine, un Orateur parfait, un sage : & un Monarque accompli est l'ouvrage de plusieurs siécles. Les qualitez médiocres sont communes pour leur nombre aussi bien que pour leur prix : les qualitez supérieures sont rares en tout sens ; il leur faut le souverain dégré de la perfection ; & plus le genre dans lequel elles sont est sublime, plus il est difficile d'y exceller. Plusieurs ont été nommez des Alexandres, des Césars ; mais en vain : les surnoms sans les faits ne sont que comme des sons de la voix qui se perdent dans l'air. Il y a eu peu de Sénéques : la Renommée n'a vanté qu'un Appelle.

MAXIME CCIV.

Se conduire dans ce qui est aisé, comme s'il étoit difficile ; & dans ce qui est difficile, comme s'il étoit aisé.

DAns ce qui est aisé la présomption peut nous porter à la négligence ; & dans ce qui est difficile, la défiance peut nous ôter le courage. Afin qu'une affaire manque, c'eſt aſſez de la compter pour faite: au contraire la diligence en facilite le ſuccès, que la pareſſe rend enfin impoſſible. A l'égard des entrepriſes extraordinaires, il ſuffit que la choſe ſe préſente faiſable, ſans s'amuſer à la tant examiner; de crainte que la difficulté qu'on y découvriroit n'en arrêtât l'éxécution.

MAXIME CCV.

Mépris ſimulé & ſage.

C'Eſt une maniere d'obtenir les choſes que de les mépriſer. Ce que l'on cherche, communément on ne le trouve point; & lorſqu'on ne s'en ſoucie pas, il nous tombe ſous la main, dit le Proverbe. Les choſes d'ici-bas qui paſſent comme l'ombre par rapport aux éternelles, ont encore cette ressemblance avec l'ombre; c'est qu'elles échappent à ceux qui courent après elles, & qu'elles poursuivent ceux qui les fuyent.. Le mépris est encore la vengeance la plus sage. Grande maxime de ne se venger jamais par la plume, dont les traits demeurent, & servent à illustrer la jalousie plûtôt qu'à punir la témérité. Industrie basse de s'élever contre des hommes en réputation, pour se signaler par une voye oblique ; lorsqu'on ne sçauroit le faire par la voye directe du merite : bien des gens seroient en effet inconnus, si de célébres adversaires n'en avoient fait nul cas. Il n'est point de plus sage vengeance que l'oubli : par-là, de petits indignes restent ensévelis dans leur poussiere, & dans leur neant : insensez qui prétendent éterniser leur nom, en mettant le feu aux merveilles du monde.. Le meilleur reméde à la médisance, c'est de la laisser tomber : la relever c'est se faire tort à soi-même : & si peu qu'elle ait de fondement, c'est se décréditer, c'est causer une joye secrete à l'envie : cette ombre même de défaut, bien qu'elle n'obscurcisse pas de grandes qualitez, elle en ternit pourtant l'éclat.

MAXIME CCVI.

Il y a par tout un Vulgaire.

COrinthe même avoit autrefois un Vulgaire : & aujourd'hui il n'est point de famille sur cela privilegiée; chacune à le sien que l'on y aperçoit d'abord. Il faut distinguér deux sortes de peuple ou de vulgaire, quoiqu'elles ayent d'ailleurs les mêmes propriétez; l'une est le peuple ou le vulgaire commun, & l'autre est le particulier, pire & plus préjudiciable que le premier : ce vulgaire séparé pense, parle, décide sur tout en dépit du bon sens : digne éléve de l'ignorance, grand appui des mauvaises choses, & fidele associé de tous les caquets : on ne doit faire attention ni aux discours, ni aux jugemens de ce Vulgaire ; mais il importe de le connoître afin de s'en délivrer ; & de n'être de rien avec lui : car toute impertinence est chose vulgaire, & le vulgaire est un composé d'impertinens.

MAXIME CCVII.

Sçavoir réprimer ses passions.

IL faut être plus maître de soi que jamais en certaines rencontres subites : comme tout mouvement de passion est un pas glissant pour la sagesse, on risque alors de le perdre. Un seul transport de colere ou de joye, peut engager plus avant que bien des heures entieres de sens froid & d'indifférence : on s'oublie quelquefois un moment, pour se repentir toute la vie. L'intention politique d'autrui éprouve ainsi brusquement la prudence, pour découvrir un caractere ; elle employe ce stratagême inopiné pour tirer les secrets de l'ame la plus impénétrable : opposez la retenuë à ces ruses, à mesure qu'elles sont plus vives. Que la réfléxion est necessaire pour empêcher qu'une passion ne se montre ! & que celui-là est sage qui sçait la tenir en bride ! Un homme qui connoît le danger marche avec beaucoup de circonspection. Nous laissons échapper une parole qui nous paroît sans conséquence ; mais celui à qui elle est dite, la pése & en juge autrement que nous.

MAXIME CCVIII.

Ne point mourir de folie acquise.

Souvent les sages meurent pauvres de prudence, *pour en avoir trop usé* ; & les fous au contraire en meurent remplis, *pour n'en avoir jamais fait usage.* C'est mourir de folie que de mourir pour s'être consumé en mille réfléxions inutiles. Ceux-là meurent, parce que les choses les touchent extrémement ; ceux-ci vivent, parce qu'ils y sont insensibles : les uns & les autres sont fous ; les premiers de mourir pour avoir trop de sensibilité, les seconds en ce qu'ils ne meurent pas, pour n'en avoir point du tout. En un mot les uns meurent, parce qu'ils sont trop bons entendeurs ; & les autres vivent, parce qu'ils n'ont point du tout d'esprit. Ainsi, bien que plusieurs meurent de folie, peu de fous meurent.

MAXIME CCIX.

Il y a beaucoup de sagesse à se défendre de certaines foiblesses très-communes.

CEs foiblesses ou ces idées ont un grand empire dans le monde par la maniere dont elles s'y sont successivement introduites. Plusieurs se garantissent d'une erreur particuliere, qui ne peuvent se défendre d'une erreur commune. C'est une chose générale que nul ne soit content de son sort, fut-il le plus avantageux; & que chacun le soit de son esprit, fût-il le plus pitoyable. Tous au mépris de leur propre bonheur, envient le bonheur d'autrui. On loüe aujourd'hui les seules choses d'autrefois; on loüe dans son pays, celles d'un pays étranger. Tout ce qui est passé est meilleur que ce que l'on voit; tout ce qui eſt éloigné on le préfere à ce que l'on a chez ſoi. Auſſi fou eſt celui qui qui ſe rit de tout, que celui qui s'afflige de tout.

MAXIME CCX.

L'uſage de la verité.

IL y a du danger à dire la verité : cependant un homme de bien la dira toûjours ; & c'eſt ici que l'art eſt très-néceſſaire. Les habiles Medecins de l'ame ont tenté tous les moyens d'adoucir la verité ; laquelle eſt extrêmement amere ; lorſque ſurtout il s'agit de ramener d'un égarement : la prudence en ces occaſions s'unit à toute la ſoupleſſe imaginable : la même verité bleſſe dans la bouche de l'un, & flatte dans la bouche de l'autre : quand on la dit en préſence de ceux qu'elle regarde, il faut la faire passer sous le nom de quelqu'un qui ne soit plus : aux esprits pénétrans, un signe leur suffit pour la reconnoître ; après quoi l'on prend le parti de se taire, soit qu'ils l'ayent comprise, ou non : A l'égard des Princes, la verité dans toute son amertume ne les guerit point ; l'art de la leur faire goûter, c'est de la réduire comme en or potable.

MAXIME CCXI.

Dans le Ciel bonheur sans mélange : dans l'enfer malheur sans mélange : en ce monde comme dans un milieu, il y a de l'un & de l'autre.

Nous participons des deux extrémitez entre lesquelles nous sommes. C'est une alternative inevitable que celle de notre destinée, tantôt heureuse & tantôt malheureuse. Ce monde est un zero, un rien si on le considere seul ; mais c'est tout si on le considere par rapport au ciel qui en est le terme. Le sage voit d'un œil tranquille toutes les variations d'ici-bas ; il n'est rien de nouveau pour lui. La vie de l'homme est comme un tissu de divers incidens, dont le dénoüement arrive enfin ; c'est à lui de faire en sorte que ce dénouement lui devienne une heureuse issuë.

MAXIME CCXII.

Se réserver toûjours certains secrets de son art.

LEs premiers maîtres ne manquent point d'user de cette réserve à l'égard même de ceux qu'ils instruisent. Il faut toûjours être superieur, toûjours le n aî re dans son art ; & pour cela n'en faire part aux autres qu'avec œconomie. Comme on ne doit point s'épuiser en bienfaits, on ne doit pas non plus prodiguer les enseignemens; de maniere que la ressource en demeure tarie: on conserve par-là sa propre réputation, & l'on retient les autres dans la dépendance. Il faut observer cette maxime dans l'art de plaire & d'instruire, d'avoir toûjours de quoi entretenir l'admiration, & de mener toûjours à la perfection par degrez. Cette même maxime fut toûjours la régle pour se conduire, & pour se distinguer en toute profession, & principalement dans les emplois plus élevez.

MAXIME CCXIII.

Sçavoir contredire.

Contredire sans se hazarder soi-même, mais seulement pour induire les autres à parler, c'est une maniere de tenter délicate.

te. Le seul maître des passions est celui qui les sçait émouvoir.. La lenteur feinte à croire les choses est un moyen pour tirer un secret ; elle est comme la clef pour ouvrir le cœur le plus fermé.. Il faut une extrême dexterité pour sonder à la fois les affections & les pensées.. Le mépris finement simulé d'une parole mysterieuse, pénétre jusqu'au fond de l'ame, l'excite peu à peu, la picque & l'améne au point de tomber dans un piege si artificieusement tendu.. L'étonnement dans un homme de beaucoup d'esprit, frappe celui qui parle avec une extrême réserve, surprend sa prudence, le fait s'expliquer sur sa pensée que le premier n'eût jamais decouverte sans cet étonnement marqué.. Un doute affecté est comme la meilleure fausse clef dont on se puisse servir pour satisfaire sa curiosité. En matiere de sciences, c'est un art dans un éleve que de sçavoir contredire son maître : alors celui-ci se trouve en quelque maniere forcé de développer les choses davantage & à fond : car c'est ainsi qu'une petite contestation honnête donne lieu, aux plus utiles instructions.

MAXIME CCXIV.

D'une folie n'en pas faire deux.

Pour plâtrer une faute, c'est l'ordinaire qu'on en fasse plusieurs autres. La justification d'une sottise en est une seconde plus grande que la premiere. L'impertinence est comme le mensonge que l'on n'entreprend point de soutenir, sans tomber necessairement dans plusieurs autres. La protection donnée à une mauvaise cause est pire que la cause même. Un mal plus grand que le mal qu'on a fait, c'est de ne s'en pas tenir à celui ci sans en parler.

La suite d'une faute, c'est d'être une espece de fonds pour plusieurs. Le plus sage peut sans doute faillir, mais une fois & non point deux ; mais plûtôt par surprise, que de sens froid.

MAXIME CCXV.

Etre en garde contre les gens à double intention.

C'Est l'artifice d'un negociateur habile, de donner le change à son homme : afin de s'emparer de son esprit. L'esprit se rend, quand il est convaincu. On dissimule sa vraie intention pour la faire réüssir ; & on ne la met en second lieu dans l'entretien, qu'afin qu'elle soit en premier lieu dans l'éxecution : ainsi on assure son coup à la faveur de l'inadvertance d'autrui. Il ne faut pas s'endormir avec un négociateur si attentif à son but : ce but principal que sa dissimulation dérange pour le dire ainsi, il faut que notre discernement sçache le remettre à sa place: il faut que notre précaution observe d'abord avec quel artifice il se conduit; qu'elle remarque tout l'ordre de ses préparatifs comme jettez au hazard, pour insister après cela sur ce qu'il a uniquement en vûe: il nous propose une chose, mais il s'en propose une autre: pour arriver à sa fin, il n'est point de détours que sa souplesse n'invente. Soyez donc attentif à ce que vous lui accorderez: quelquefois il sera bon de lui laisser appercevoir que vous l'avez bien entendu.

MAXIME CCXVI.

S'exprimer bien, ce n'est pas seulement la marque d'un esprit net ; c'est celle aussi d'un esprit vif.

Quelques-uns pensent bien & s'expriment mal : ils manquent d'une certaine clarté vive, sans quoi l'esprit ne sçauroit mettre en jour ses pensées. D'autres remplis de belles connoissances, les tiennent presque toutes comme renfermées en eux-mêmes : bien differens de ceux qui disent plus encore qu'ils ne sçavent. Ce que la résolution est pour le cœur, l'expression l'est pour l'esprit ; deux grandes qualitez. On applaudit à un esprit clair ; & un esprit obscur on le respecte parce qu'on ne le comprend pas : un peu d'obscurité ne sied pas mal quelquefois, pour n'être point vulgaire; mais alors si celui qui parle ne s'entend pas, comment les autres l'entendront-ils?

MAXIME CCXVII.

Ne point aimer sans reserve, ni haïr sans retour.

N'Ayons point une confiance aveugle en des amis, qui peuvent devenir demain nos ennemis, & nos plus grands ennemis: puisque ces évenemens sont réels, c'est à nous de nous y préparer: il ne faut point fournir à des déserteurs de l'amitié des armes qu'ils tourneroient contre nous avec la derniere fureur. A l'égard des ennemis, qu'ils ayent toûjours un accès libre à la réconciliation; que cet accès leur soit ouvert par des manieres honnêtes & polies, qui les gagneront à coup sûr. La vengeance satisfaite laisse souvent après elle de longs regrets. Le plaisir d'une mauvaise action devient le supplice de celui qui l'a commise.

MAXIME CCXVIII.

Agir toûjours par raison, & jamais par entêtement.

L'Opiniâtreté est une enflure d'esprit : fille aînée de l'orgueil, passion qui ne fait jamais rien qu'à contre-sens. Les gens entêtez tournent tout en une espece de petite guerre ; ils sont à l'égard de la société civile, comme ces partisans, ces coureurs dont chaque action, chaque course doit leur être un triomphe sur l'ennemi : ni paix, ni treve avec eux ; ils n'en connoissent point. Hommes dangereux, s'ils occupent les premiers emplois ; l'Etat, le Gouvernement se partage en factions par leur conduite, & les sujets en deviennent les ennemis: ils prétendent disposer de tout à leur guise, & que tout réüssira étant le fruit de leur sistême. Mais dès qu'on vient à découvrir leur esprit paradoxe, on se souleve contre eux, on se ligue pour renverser leurs chimeres, & pour les faire échoüer; ils éprouvent mille sujets de chagrin; & tout le monde agit de concert pour les désoler. Cerveaux blessez; & quelquefois cœurs corrompus. Le moyen de vivre avec ces monstres à figure humaine? il vaut mieux se retirer chez les Antipodes; la barbarie de ceux-ci seroit plus supportable que la ferocité des autres.

MAXIME CCXIX.

Ne se faire point la réputation d'un homme fin; quoiqu'on ne puisse gueres aujourd'hui se passer de l'être.

Soyez plûtôt prudent que fin. Un procedé uni plaît à tout le monde dans le commerce de la vie; quoiqu'il s'en faille bien que tout le monde l'ait. Que la sincerité n'excede pas jusqu'à la simplicité, ni la sagacité jusqu'à la finesse. Soyez plûtôt respecté pour votre sagesse que redouté pour votre subtilité. On aime les gens sinceres; mais on les trompe aussi. Que la plus grande finesse soit de sçavoir couvrir ce qui passe pour être une ruse. Au siecle d'or regnoit la candeur; en celui-ci, siecle de fer, regne la malignité. La réputation d'homme qui sçait ce qu'il convient de faire eſt eſtimée, & attire la confiance : la réputation d'homme fin, eſt ambigüe, & porte à la défiance.

MAXIME CCXX.

Se couvrir de la peau du Renard, quand on ne peut ſe couvrir de la peau du Lion.

SÇavoir ceder au temps, c'eſt le plus haut point de la prudence. Quand on ſe retire avec ce qu'on prétend, on ne perd jamais ſa réputation. Que l'adreſſe ſupplée à la force : qu'un moyen ſoit ſubſtitué à un autre : que l'on aille le grand chemin de la valeur; ou bien que l'on prenne le chemin dérobé de la ruſe : la dexterité a peut-être plus fait que la force : les ſages ont plus ſouvent triomphé des braves, que ceux-ci des autres. Le mépris ſuit bientôt celui qui manque ſa fin.

MAXIME CCXXI.

Ne point chercher l'occasion de contester & ne la point donner aux autres.

IL y a des esprits faits pour heurter la bienséance, & pour forcer les autres à le faire: Hommes toûjours disposez à quelque incartade: ils se commettent avec un grand air de liberté, mais il ne leur en revient que de la honte: c'est peu pour eux que cent querelles par jour: leur humeur toûjours à rebours, & leur raison toûjours de travers, leur font tout improuver, & contredire tout le monde. Mais entre ces caracteres d'hommes, ceux-là mettent les sages à la plus rude épreuve, qui ne font jamais rien de bon, & qui trouvent à redire à tout. Qu'il y a de monstres dans le vaste pays de l'impertinence!

MAXIME CCXXII.

Retenuë : preuve sensible de prudence.

LA langue est comme une bête feroce, que l'on ne remet pas aisément à l'attache; quand elle s'en est une fois débarassée : elle est comme le poulx de l'ame, par où les sages & les habiles gens en connoissent la disposition; elle est l'endroit auquel ils s'attachent pour tâter les mouvemens du cœur : le mal est, que celui qui devroit être alors le plus retenu, l'est quelquefois le moins : le sage sçait en ces occasions s'épargner pour la suite, de grands embaras, & de grands déplaisirs; & fait sentir en même-tems qu'il est maître de lui-même. Il se conduit d'ailleurs avec beaucoup de circonspection : C'est un *Argus*, pour observer tout avant que d'agir;

c'est un homme seul, lequel ainsi que *Janus* équivaut à deux, *pour avancer ou reculer sans faire un faux pas*.. Momus auroit plus judicieusement trouvé à redire qu'il manquât des yeux aux mains, *symboles des actions*, qu'une petite fenêtre au cœur.

MAXIME CCXXIII.

N'être singulier ni par affectation ni par distraction.

Plusieurs ont une singularité marquée par des dehors bizarres, lesquels bien loin d'être les belles manieres, sont des défauts. Le ridicule de leur démarche les distingue ; mais c'est dans le même sens qu'une difformité singuliere au visage en distingue quelques autres. Il ne s'agit pas d'être singulier de la sorte ; c'est se singulariser par une impertinence spéciale, qui tantôt fait rire, & qui tantôt fait pitié.

MAXIME CCXXIV.

Ne prendre jamais les choses du mauvais côté, lors même qu'elles le présentent.

IL n'est rien dans la vie qui n'ait un bon & un mauvais endroit. Les meilleures choses nuisent, & les plus nuisibles servent, selon la maniere dont on en use: Une épée qui blesse lorsqu'on la saisit par le tranchant, est un instrument de défense, lorsqu'on la prend par la poignée. Que d'occasions de chagrin auroient tourné à notre satisfaction, si nous les avions examinées par leur côté favorable ? Il y a des avantages & des inconveniens en tout; c'est à la dexterité de sçavoir trouver son compte : le même objet a differens aspects ; envisagez-le par celui qui est avantageux : il faut choisir le bien au lieu du mal, & non le mal au lieu du bien : il arrive que quelques-uns trouvent en tout un sujet de peine, & quelques-autres un sujet de consolation : les derniers ont une grande ressource contre les revers de la fortune, une excellente regle de vie pour tous les temps & pour tous les emplois.

MAXIME CCXXV.

Connoître son défaut dominant.

IL n'est point d'homme qui n'ait son défaut dominant, lequel balance sa bonne qualité dominante : si on le favorise ce défaut, il prend bientôt sur nous un empire tyrannique : il n'y a pas de temps à perdre pour le combattre sans aucun ménagement, & comme à force ouverte :

mais il faut commencer par le connoître : il sera vaincu si on le connoît parfaitement ; & on le connoîtra parfaitement, si on en a l'idée qu'en conçoivent ceux qui le reprennent en nous. Pour se rendre maître de soi-même, il est necessaire d'être toûjours sur ses gardes : lorsqu'on aura domté cet ennemi capital, tous les autres seront aisément réduits.

MAXIME CCXXVI.

Attention à être obligeant.

LA plûpart des hommes parlent & agissent moins suivant leur propre disposition que suivant celle qu'on a mise en eux. Pour croire le mal, le témoignage de qui que ce soit suffit ; parce que le mal se croit très-aisément, quelque incroyable même qu'il soit quelquefois... Tout notre mérite dépend de l'idée d'autrui.

Quelques-uns se contentent d'avoir pour eux la raison ; ce n'est point assez ; la raison a besoin d'aide, & il faut lui en procurer. Souvent il en coûte peu de faire plaisir, & l'on y gagne beaucoup : quelques paroles sont payées par des effets : Il n'est point de si vil instrument en ce monde qui ne soit quelquefois nécessaire, & qu'on ne le trouvât de manque dans l'occasion. Chacun parle de quoi que ce puisse être, selon son affection.

MAXIME CCXXVII.

Ne s'en point tenir à la premiere impression que l'on reçoit.

LE monde est plein de gens si attachez à un premier avis, qu'ils rejettent après cela tous les autres ; & comme le mensonge prend toûjours les devants, la verité n'a plus d'accès chez eux.

Un premier attrait ne doit pas s'emparer du cœur : & une premiere idée ne doit pas s'emparer de l'esprit : Preuve d'un fonds étroit & borné. Ce sont des hommes semblables à de nouveaux vases qui conservent l'odeur ou bonne ou mauvaise de la premiere liqueur qu'on y a mise : foiblesse en eux très-pernicieuse lorsqu'on les connoît ; une industrie maligne s'en prévaut, & imprime dans leur esprit crédule ses mauvaises intentions. Réservons-nous toûjours l'examen de la chose qui nous a d'abord été dite : gardons, comme Alexandre le Grand, l'autre oreille pour l'autre partie : laissons venir un second, un troisiéme avis; s'en tenir au premier, c'est une marque d'insuffisance, & d'une insuffisance même qui ressemble fort à l'entêtement.

MAXIME CCXXVIII.

N'être point une mauvaise langue, & n'en avoir point la réputation.

PAsser pour être une mauvaise langue, c'est passer pour un diffamateur public. N'ayez point de l'esprit aux dépens d'autrui, ce qui est infiniment plus odieux qu'il n'est difficile. Tous se vengent d'un médisant de profession par les mêmes armes qu'il employe contre tous : & comme il est seul, il succombera sans doute à la multitude plûtôt, que la multitude à lui. Le mal ne doit jamais être ni un sujet de contentement, ni un sujet de commentaire. Un médisant fut toûjours en horreur : & quoique des hommes graves le mettent quelquefois en jeu, c'est par goût pour ses plaisanteries, & non point par estime pour sa personne. Qui dit du mal des autres, en entend toûjours dire de lui encore plus.

MAXIME CCXXIX.

Partager sa vie en homme sage.

LE partage de notre vie ne doit point être abandonné au gré des occasions; il faut le faire avec veuë, & avec choix. La vie sans aucun repos ne seroit pas plus supportable qu'une longue route sans aucun logement. Une utile varieté est le moyen d'être heureux. La premiere partie de la vie sera donc employée à s'entretenir avec les morts; c'est-à-dire, avec les Livres propres à nous instruire : car nous ne devons pas être en ce monde sans acquerir des lumieres, sans nous connoître nous-mêmes. La seconde partie, on la passera avec les vivans;

c'est-à-dire, à voyager, & à remarquer tout ce qu'il y a de bon dans chaque païs ; car on ne le trouve pas dans un seul. Le Pere Universel a fait un partage de ses dons; & une contrée d'ailleurs la plus miserable, en a quelquefois reçu de grandes richesses. La troisiéme partie de la vie sera uniquement pour nous : Le suprême dégré du bonheur, c'est de n'avoir plus qu'à philosopher : cette philosophie n'est autre chose, que la méditation de la mort ; à laquelle il faut souvent penser, pour bien mourir une seule fois.

Der. ch. de l'Hom. Universel.

MAXIME CCXXX.

Ouvrir les yeux à temps.

Tous ceux qui voyent n'ont pas les yeux ouverts ; & tous ceux qui regardent ne voyent pas. Les réfléxions trop tardives sont des sujets de douleur, & non point des remedes au mal. Quelques-uns commencent à ouvrir les yeux, quand il n'y a plus rien à voir: leur revenu, leur fonds, tout a disparu pour eux; avant que d'avoir eu presque le temps de joüir. Il est difficile de faire entendre raison à un homme qui ne le veut pas; & il est encore plus difficile de lui faire vouloir une chose, quand il n'a point de raison: ceux qui sont en commerce avec lui, s'en mocquent ainsi que d'une duppe, & les autres le traitent de même: mais sourd à tout cela, il persiste dans son aveuglement: d'ailleurs il ne manque pas de gens qui entretiennent sa léthargie; parce que son mal fait leur bien. Malheureux le cheval, dit le Proverbe, dont le maître est aveugle; il est rare qu'il engraisse.

MAXIME CCXXXI.

Ne montrer jamais ses ouvrages, qu'ils ne soient dans leur perfection.

TOutes les premieres ébauches sont défectueuses. Or l'idée & le souvenir de cette imperfection, laquelle demeure dans l'esprit, ôtent toûjours quelque chose du merite à l'ouvrage même, après que l'auteur y a mis la derniere main. Il est vrai que le spectacle agréable d'un grand tableau, lequel est fini, ne nous fait pas néanmoins porter d'abord notre jugement sur chaque partie qui le compose; mais enfin la premiere veuë de cette même peinture remplit sur le champ notre goût. Toutes choses avant que d'être ne sont rien; & lorsqu'elles ne font que commencer à prendre forme, elles tiennent encore beaucoup du rien. Les mets les plus exquis donnent plûtôt du dégoût que de l'appetit, quand on les voit aprêter. Que tout grand Maître dans un Art se garde bien de laisser voir ses ouvrages encore informes; qu'il ne les expose point aux yeux du public, avant qu'ils soient en état d'y paroître : ainsi en usent les peres sages à l'égard de leurs enfans.

MAXIME CCXXXII.

Se prêter au commerce du monde.

ON ne doit pas être toûjours à méditer dans son cabinet; il faut aussi un peu d'action, un peu de dehors. Les plus sages sont aisez à tromper ; car quoiqu'ils ayent de grandes lumieres, ils ignorent le train commun de la vie ; leur application à des objets

jets relevez ne leur permet pas de descendre aux choses ordinaires. Cependant, s'ils ne sçavent pas ce qu'ils devroient premierement sçavoir, & ce que tout le monde sçait, on les regarde avec surprise, on les prend pour des stupides; parce que le grand nombre ne va pas plus loin que l'apparence. Qu'un homme sage ait donc de la connoissance du monde, ce qui lui suffit pour n'en être ni la duppe, ni la risée : qu'il ait le manége absolument necessaire, quoiqu'inferieur à l'érudition, pour faire partie de la societé civile. A quoi sert toute la science, si l'on n'en voit nul usage ? Sçavoir vivre avec les hommes est aujourd'hui une grande science.

MAXIME CCXXXIII.

Ne se méprendre point sur les goûts ; afin de ne pas déplaire, au lieu de plaire.

Faute de connoître le caractere des personnes, on leur est à charge par l'endroit même qu'on pense leur plaire. La même chose qui flatte les uns, blesse les autres : ce que l'on regarde comme un vrai service qu'on lui a rendu, l'autre le regarde comme un fort mauvais office : souvent il en a plus coûté pour desobliger quelqu'un, qu'il n'en auroit coûté pour lui faire plaisir : ainsi l'on perd à la fois & sa peine & son bienfait ; parce qu'on n'a pas pris comme le point de vûë pour les faire agréer. On ne peut pas contenter les goûts, si on ne les connoît point : on croit donner une loüange, & cette loüange est une parole offensante : Punition bien dûë à l'auteur d'une pareille méprise. D'autres s'imaginent faire le charme de la conversation par leur beau langage; & ils étourdissent par leur éternel caquet.

MAXIME CCXXXIV.

Ne confiez votre réputation à qui que ce soit, sans qu'il vous engage son propre honneur.

IL faut ici que l'avantage à garder le secret, & le desavantage à le trahir soient communs. Sur l'article de l'honneur, celui d'autrui doit aller de pair avec le vôtre : de maniere que le soin de sa propre réputation, & le soin de la vôtre lui soient également chers. Au reste, une confidence de cette nature ne se doit jamais faire; mais supposé qu'on la fît, il faut que ce soit avec une telle dexterité, que les précautions équivalent, s'il se peut à la prudence, que le risque soit commun de part & d'autre, & que le confident ne puisse impunément être infidele.

MAXIME CCXXXV.

Sçavoir demander.

IL n'est rien de plus difficile ni de plus aisé, selon les personnes, que de sçavoir demander. Il y en a qui ne peuvent refuser; il ne faut point de détours avec eux. Il en est d'autres dont le premier mot est toûjours *Non* : il faut user d'industrie avec ceuxci; & étudier l'occasion à l'égard de tous. L'occasion, c'est quelquefois un repas, après lequel un homme se trouve plus guai; quelquefois c'est une conversation agreable dont il vient de fortir content ; quelquefois c'eft une partie de divertiffement à laquelle il fe prépare : Momens où l'ame eft plus difpofée à s'épancher au dehors : momens de grace ; à moins que la préfence d'efprit d'un homme toûjours fur fes gardes, ne prévienne l'adreffe de celui qui vouloit obtenir de lui quelque chofe . . Quand vous voyez qu'un autre a été refufé, il ne faut point vous préfenter ; on eft alors déterminé à refufer tout. Lorfqu'on eft dans la triftesse, vous n'avez rien à attendre . . Commencer foi-même à faire plaifir, c'eft comme une avance dont on fera dédommagé ; pourvû qu'on n'ait pas à faire à une ame baffe.

MAXIME CCXXXVI.

Changer en une grace, ce qui deviendroit une récompense; c'est la maxime de quelques habiles politiques.

UNe distinction qui précéde les services est l'épreuve des gens d'honneur. Cette distinction a deux avantages : d'un côté la promtitude avec laquelle elle se fait, oblige bien plus celui qui la reçoit : d'une autre part, la même distinction, qui dans la suite seroit de droit & de justice, devient une affaire de faveur & de grace. Maniere fine de changer la nature des obligations : car de cette sorte, l'obligation des récompenses dans le superieur, se convertit en étroite obligation de reconnoissance dans le subalterne. Mais cette maxime ne peut s'obferver qu'à l'égard des ames bien nées : Diftinguer d'avance un homme fans cœur, ce feroit plûtôt un frein pour lui qu'un aiguillon.

MAXIME CCXXXVII.

N'avoir point part aux fecrets de fon Maître : on croiroit partager des poires, dit un Proverbe, & l'on partageroit des pierres.

PLufieurs ont péri, pour avoir été des confidens. Un confident eft comme un meuble incommode dont on fe défait, après s'en être fervi. La confidence d'un maître eft moins une faveur qu'une efpece d'impofition pénale. On caffe un miroir, parce qu'il repréfente la laideur : & on ne voit pas volontiers un homme dont la vûë rappelle les foiblesses. Il ne faut jamais devoir trop à personne, encore moins aux Grands : avec eux soyez plûtôt en avance par vos services qu'en reste par leurs faveurs.. Les confidences familieres sont les plus dangereuses de toutes.. Lorsqu'on s'est ouvert sur un secret, on devient comme l'esclave de celui qui le sçait : & cette espece d'esclavage est pour quelques Grands un état violent qui ne peut durer : ils veulent comme racheter leur liberté perduë ; & pour cela, ils fouleroient aux pieds toutes les loix même de la raison. Maxime générale en matiere de secrets ; c'est de ne les entendre ni de les dire.

MAXIME CCXXXVIII.

Connoître la chose qui nous manque.

IL y en a beaucoup qui seroient des hommes accomplis, s'il ne

leur

leur manquoit pas quelque chose, non d'essentiel en soi, mais sans quoi pourtant ils ne parviendront jamais au comble de la perfection. On le remarque en effet dans plusieurs, que pour peu qu'ils gagnassent sur eux, ils vaudroient beaucoup. Dans les uns, le manque de sérieux fait tort à de grandes qualitez : dans les autres, il leur manque une certaine douceur, que leurs amis mêmes leur souhaiteroient, sur-tout si ce sont des hommes en place : en ceux-ci on voudroit un peu plus d'actions ; & en ceux-là un peu plus de phlegme. Tous ces petits défauts, si l'on y faisoit attention, se corrigeroient aisément : les soins continuez forment une habitude équivalente à la nature.

MAXIME CCXXXIX.

Il importe plus d'être un esprit raisonnable, que d'être un esprit subtil.

L'Esprit s'émousse, lorsqu'il va plus loin qu'il ne faut; les subtilitez ne servent communément qu'à lui ôter sa vigueur : la verité solidement établie est une voie bien plus sûre. Il est beau d'avoir de l'esprit ; mais on ne doit pas être comme un Bachelier sur les bancs : faire de si longs raisonnemens, c'est comme soutenir une these : Il vaut bien mieux avoir un bon jugement, un jugement solide qui va sans écarts, au point essentiel.

MAXIME CCXL.

Sçavoir faire l'ignorant.

L'Homme le plus sage joüe quelquefois ce rôle : car il y a des occasions, où la plus grande habileté est de n'en point montrer. On sçait bien qu'il ne faut pas ignorer les choses ; mais il faut en faire l'ignorant à propos. Il importe peu d'être sage avec les fous, & sçavant aussi avec les ignorans : mais il importe de se proportionner à la portée de tout le monde : l'ignorant alors est celui qui ne s'aperçoit pas qu'on le fait ; & avec quel art on imite parfaitement sa simplicité : c'est sous cette apparence du plus simple des animaux que l'on est bien reçu d'une infinité de gens.

MAXIME CCXLI.

Entendre raillerie; mais ne point railler.

C'Est s'expofer que de railler: mais il eft d'un galant-homme d'entendre raillerie. Dans une occafion de rire, il y a de la bêtife, & quelque chofe encore de plus, à fe fâcher. Une plaifanterie où l'on orne à propos la chofe, eft agréable; & ne s'en point formalifer, c'eft la marque d'un homme de fens: celui qui s'en trouve picqué donne lieu à la repartie: il eft & plus convenable, & plus fûr de ne la pas relever. La raillerie fut toûjours une fource feconde en veritez les plus grandes: elle demande une précaution & un ménagement extréme: avant que de railler, il faut fçavoir jufqu'où peut aller le génie de l'homme avec qui l'on veut plaifanter,

MAXIME CCXLII.

Pourſuivre ſa pointe.

IL y a des gens qui ne font que commencer les choſes, & qui ne les achévent point: ils inventent aſſez, mais ils ne vont point au-delà de l'eſſai: eſprits inconſtans, qui ne parviennent jamais à ſe faire de la réputation, parce qu'ils ne ſuivent rien. Ce même défaut naît en d'autres d'une impatience naturelle; caractere des Eſpagnols: comme au contraire la patience eſt la vertu des Flamands: ceux-ci finiſſent les affaires; avec ceux-là elles reſtent en beau chemin: les Eſpagnols s'épuiſent juſqu'à ſurmonter la difficulté; & ils en demeurent là, contens de vaincre: ils ne pouſſent point une victoire à ſon terme; ils montrent qu'ils le peuvent, mais ils ne le veulent donc pas; &

c'est toûjours ici un défaut dans eux, soit qu'on l'appelle impuissance, ou qu'on le nomme legereté. Si une affaire est bonne, pourquoi ne la pas finir? & si elle est mauvaise, pourquoi la commencer? Un chasseur habile ne se borne pas à faire lever le gibier ; il tuë.

MAXIME CCXLIII.

Il ne faut pas être tout-colombe.

Que l'on ait & la prudence du serpent, & la simplicité de la colombe. Il n'est rien de plus aisé que d'en faire accroire à un grand homme de bien : on croit beaucoup de choses, quand on ne ment jamais ; & on a beaucoup de confiance aux autres, quand on ne trompe personne. Ce n'est pas toûjours parce que l'on est un sot qu'on est trompé ; c'est souvent parce qu'on est un honnête-homme. Deux sortes de personnes se sauvent de l'imposture ; les uns à leurs dépens ; parce qu'ils en avoient été les duppes ; les autres aux dépens de l'imposture même, qui est la duppe de leur dexterité. Que la sagacité soit aussi attentive à se précautionner, que la ruse l'est à surprendre. Ne soyez pas tellement honnête-homme, que vous donniez lieu à un autre d'être un mal-honnête-homme : Soyez enfin & colombe & serpent : assemblage qui bien loin de faire un monstre bizarre, est un prodige digne d'admiration.

MAXIME CCXLIV.

Sçavoir obliger les gens ausquels on devroit être obligé.

Quelques-uns sçavent si bien donner le change, qu'ils semblent accorder une grace dans le temps même qu'ils la reçoivent.

Hommes fins & deliez qui honorent en demandant: & qui font trouver à autrui sa gloire dans leur propre interêt: ils tournent les choses de façon que l'on diroit que les autres en les obligeant ne font que leur devoir: par une adresse singuliere, ils substitüent celui qui est obligé, à la place de celui qui oblige; ou pour le moins ils font qu'on ne sçait pas trop lequel est le redevable: à prix de loüanges ils ont de leur côté le solide, & font honneur selon eux, lorsqu'ils veulent bien témoigner qu'une chose leur feroit plaisir: ils picquent la politesse d'autrui par l'idée d'un devoir pour elle, lequel devroit être un sujet de reconnoissance pour eux: meilleurs pour la politique * que pour la morale; ils renversent ainsi l'ordre naturel des devoirs. Grande dexterité

* Le texte dit : Meilleurs politiques que bons grammairiens, ils changent l'obligation active en obligation passive.

sans doute; mais c'en seroit encore une plus grande de la découvrir, & de rompre un marché si injuste en rendant à ces politiques honnêteté pour honnêteté, & en demeurant par-là chacun sur son gain.

MAXIME CCXLV.

C'est la marque d'un genie superieur d'abandonner quelquefois les idées communes, & d'en avoir de particulieres.

ON ne doit pas faire grand cas des gens qui n'ont jamais rien à objecter : c'est moins en eux une preuve d'affection pour autrui, que d'amour pour eux-mêmes : bien loin d'être touché de leur complaisance, & de leur en sçavoir bon gré; il faut la desapprouver en secret. Que l'on regarde comme un avantage d'être critiqué de quelques-uns; & encore plus de ceux qui parlent mal de tous les honnêtes gens : Que l'on se voye à regret généralement applaudi de tout le monde; c'est signe que bien des choses nous manquent : car la perfection n'est remarquée que par le petit nombre.

MAXIME CCXLVI.

Ne point faire des excuses, lorsqu'on ne les demandoit pas; & lors même qu'on les demande, c'est une sorte de délit de les outrer.

Nous excuser sans qu'on demande que nous le fassions, c'est nous accuser; c'est avertir la malignité humaine de nous croire coupables; comme se faire saigner quand on se porte bien, c'est avertir en quelque sorte, la maladie de venir. Un excuse anticipée réveille un soupçon assoupi : & un homme prudent ne doit jamais donner à connoître qu'on le soupçonne ; ce seroit chercher à se rendre coupable : alors il doit seulement être attentif à démentir le soupçon par la probité de sa conduite.

MAXIME CCXLVII.

Sçavoir un peu plus, & vivre un peu moins.

Bien des gens sont dans une opinion toute contraire à cette maxime : Un doux loisir, disent-ils, vaut mieux que l'embaras des affaires : Nous n'avons rien en propre que le temps, dont joüissent ceux mêmes qui n'ont pas où loger : Malheur égal de perdre des années précieuses à des fonctions ou mechaniques ou relevées : Il ne faut se charger ni des hauts emplois, ni de l'envie ;

c'eſt trop mépriſer nos jours, & nous empreſſer de mourir. Cette morale quelques-uns l'étendent juſques ſur la ſcience ; mais on ne vit pas, ſi l'on ne ſçait rien.

MAXIME CCXLVIII.

Ne nous rendre pas à celui qui nous parle le dernier.

IL y a des gens eſclaves de la derniere impreſſion qu'ils reçoivent : (car l'impertinence eſt extrême en tout :) ils ont l'entendement & la volonté comme une cire molle, ſur laquelle la derniere empreinte demeure, & efface toutes les autres : on ne gagne jamais des hommes de ce caractere ; parce qu'ils quittent un parti avec la même facilité qu'ils l'ont pris ; chacun à ſon tour fait ſon impreſſion ſur eux : Ils ne ſont point propres à être des confidens ; toute leur vie enfans ils ne font que varier dans leurs jugemens & dans leur affection ; leur esprit & leur cœur toujours incertains balancent & penchent tantôt d'un côté & tantôt d'un autre.

MAXIME CCXLIX.

Ne point commencer de vivre par où l'on doit finir.

PLusieurs commencent par le repos, & remettent le travail à la fin, l'essentiel doit marcher avant toute chose ; le reste vient ensuite, s'il y a lieu. Les uns veulent le triomphe avant le combat : les autres commencent par sçavoir ce qui importe le moins ; & les connoissances qui sont utiles & qui font honneur, ils les réservent pour le temps auquel ils n'ont plus guéres à vivre : d'autres encore ont à peine commencé leur fortune qu'ils disparoissent. Pour la vie, comme pour les sciences, il faut de l'ordre & de la méthode.

MAXIME CCL.

Quand devons-nous prendre les choses à contresens ? c'est lorsqu'on nous parle dans un esprit de malignité.

Avec certaines gens il faut entendre tout le contraire de ce qu'ils disent : leur *Oüi* est leur *Non*, & leur *Non* est leur *Oüi* : Méprisér une chose, cela signifie qu'on l'estime ; on ne la dégrade dans l'idée des autres, que parce qu'on la desire pour soi. Ce n'est pas toûjours loüer que de dire du bien ; puisqu'en effet quelques-uns, afin de ne pas loüer les bons, loüent aussi les méchans : & ne reconnoître personne pour méchant, c'est ne reconnoître personne pour bon.

MAXIME CCLI.

Mettre tout en œuvre de son côté, comme si l'on n'attendoit rien du Seigneur : & attendre tout du Seigneur, comme si l'on ne faisoit rien de son côté.

CEtte Maxime est d'un grand Maître : elle n'a pas besoin de Commentaire.

MAXIME CCLII.

N'être ni tout pour soi-même, ni tout pour les autres.

C'Est une misérable servitude de n'être que pour soi-même, ou bien de n'être que pour les autres. Quand on n'aime que soi, il s'ensuit naturellement que l'on rapporte tout à soi : on ne sçait ce que c'est que se gêner en quoi que ce soit ; ce que c'est que sacrifier la moindre de ses commoditez ; on ne rend service à personne : on compte tranquillement sur sa fortune ; & cet appui vient souvent à manquer. Il convient de se prêter quelquefois aux autres ; afin que les autres aussi se prêtent à nous.. Dans un emploi public, on doit être l'esclave du public ; ou bien il faut renoncer à l'emploi comme on fait à son devoir, dira la *Vielle à Adrien*.. Plusieurs sont uniquement pour les autres (car la folie ne connoît point de milieu) & celle-ci est bien pitoyable : Alors on n'a pas un seul jour à soi ; pas une seule heure dans la journée : l'excès va si loin sur ce point, qu'un des hommes de cette espéce fut autrefois appellé : *L'Homme d'affaires du genre humain* : le bon sens même de ces gens-là est tout pour autrui ; ils sçavent parfaitement tout

tout ce qui regarde les autres, & ils ignorent abſolument tout ce qui les regarde eux-mêmes. Un homme d'attention doit ſçavoir que perſonne ne le cherche lui-même, mais que chacun cherche ſon propre interêt dans lui, & par ſon moyen.

MAXIME CCLIII.

Ne ſe rendre pas trop intelligible.

LA plûpart n'eſtiment pas beaucoup ce qu'ils entendent, & révérent ce qu'ils ne comprennent pas. Pour que les choſes ſoient eſtimées elles doivent coûter : on vaudra donc beaucoup, quand on ne ſera pas trop entendu. On doit toûjours dans ſa maniere de penſer ſe montrer ſuperieur à celui avec qui l'on traite ; mais, que l'on ſe proportionne pourtant au ſujet plûtôt que d'en paſſer tout-à-fait la ſphére. Quoique le seul bon sens en tout soit du goût des esprits judicieux ; il faut du sublime pour une infinité d'autres ; en les occupant ainsi à comprendre, on ne leur laisse guere le moyen de critiquer.. Combien de gens loüent une chose, sans en pouvoir dire la raison, quand on la leur demande ? c'est que tout ce qui est obscur, ils le respectent comme un mystere ; & ils l'exaltent après l'avoir entendu loüer.

MAXIME CCLIV.

Un mal n'est pas à negliger, quelque petit qu'il soit ; parce qu'il ne vient jamais seul.

LEs maux & les biens aussi se suivent les uns les autres, par une sorte d'enchaînement : ceux-ci viennent ordinairement aux plus heureux ; & ceux-là aux plus malheureux : c'est pour cela que l'on fuit les derniers, & que l'on s'attache aux premiers. La colombe même avec toute sa simplicité s'adonne volontiers au colombier le plus apparent. Tout manque à la fois à un malheureux; il se manque à lui-même; il n'a plus de raison, il perd l'esprit. Il ne faut pas réveiller l'adversité, quand elle dort. C'est peu de chose que le pied glisse; mais un précipice affreux se trouve après ce faux pas, sans sçavoir ce que l'on deviendra. Comme nul bien au reste, n'est en ce monde au souverain degré; nul mal n'y est non plus à son dernier comble : Pour le mal qui nous vient du Seigneur, la patience ; pour celui qui nous vient des creatures, la prudence.

MAXIME CCLV.

Sçavoir faire du bien avec réserve, & à diverses fois.

IL ne faut faire du bien à qui que ce soit, jusqu'à le mettre hors d'état d'en recevoir davantage. Qui donne trop, ne donne pas, il aliene son droit: on ne doit jamais épuiser la reconnoissance, pour user de ce terme; un homme devenu par-là comme insolvable, rompt toute relation avec vous. En effet, pour perdre des gens qui vous sont maintenant attachez, c'est assez qu'ils vous ayent un jour de trop grandes obligations; afin de ne vous en point tenir compte, ils se retirent, & de débiteurs envers vous, ils deviennent vos ennemis. L'Idole voudroit ne paroître point devant le Sculpteur dont elle est l'ouvrage: & une créature ne sçauroit souffrit la vûë de son bienfacteur. Le grand art de faire du bien, c'est qu'il en coûte peu, & que ce peu on le désire avec ardeur ; afin qu'on l'en estime davantage.

MAXIME CCLVI.

Etre toûjours en garde & à l'épreuve contre toutes espéces d'impertinens.

ON rencontre partout des impertinens, & de tous les genres ; des impolis, des entêtez, des présomptueux : il est de la prudence de n'entrer jamais en lice avec de telles gens : Que l'on soit chaque jour attentif à s'armer sur cela d'une ferme résolution ; & l'on rendra inutiles tous les traits de l'impertinence : Il ne faut point ici s'exposer, si l'on veut mettre sa réputation à couvert des risques ordinaires. Un homme bien pourvû de sagesse ne sera jamais aux prises avec des fous. La societé civile est comme une mer dangereuse & pleine d'écueïls pour la réputation ; l'art d'Ulysse y est necessaire ; consultons-le ; un détour adroit est une ressource sûre : mais par-dessus tout, que l'on prenne toûjours les choses en galant-homme ; c'est l'unique voye abregée pour se tirer d'affaire.

MAXIME CCLVII.

N'en venir jamais à une rupture ; la réputation en souffre toûjours de fâcheuses atteintes.

IL n'est point d'homme qui n'ait ce qu'il faut pour être un ennemi ; pour être un ami, ce n'est pas de même. Il y en a peu qui puissent faire du bien ; & presque tous peuvent nuire : l'Aigle que Jupiter même protége, n'est pas tranquille sur son differend avec l'Escarbot. Au premier signal d'une rupture déclarée, de faux amis qui en attendoient le moment, attisent le feu de la division : ce sont ces prétendus amis qui deviennent alors les pires ennemis : ils rejettent sur les défauts d'autrui, la faute qu'eux-mêmes avoient faite dans le choix de leur liaison. Pour ce qui est des spectateurs de la rupture, chacun d'eux en parle comme il pense, & pense comme il lui plaît : on accuse également les uns & les autres, ou d'un manque de prévoyance au commencement, ou d'un manque de constance vers la fin ; mais toujours d'un manque de prudence. S'il s'agit d'une separation qui ne se puisse éviter ; qu'on la rende au moins excusable ; que l'on s'y dispose peu à peu par le refroidissement, & qu'on ne la brusque point par un coup d'éclat : Ici convient cette sentence : *Une belle retraite fait honneur.*

MAXIME CCLVIII.

Avoir un second avec soi, lequel aide à porter le faix des miseres.

NE soyez jamais seul ; encore moins dans les risques ; ce seroit prendre sur vous toute la haine. Quelques-uns croyent se distinguer davantage par un pouvoir unique & général : & ils s'attirent toutes les plaintes. Il faut donc avoir quelqu'un sur qui retombe le fardeau, ou qui le partage : ni la fortune bizarre, ni le capricieux vulgaire ne se soulevent pas si aisément contre deux. Un Medecin homme d'esprit, lequel s'est trompé de la vie à la mort, ne manque pas d'en appeller un autre qui sous le titre de consultation, l'aide à porter le cercueïl. Que la charge & la peine soient partagées ; le mal double pour un seul, & n'est pas supportable.   MAXIME

MAXIME CCLIX.

Prévenir les torts, & les tourner en avantages.

IL y a plus de sagacité à prévenir les torts qu'à s'en venger. Il faut être bien adroit pour changer en un confident celui qui devoit être un adversaire ; pour changer en défenseur de notre réputation celui qui songeoit à la détruire. Que c'est une chose importante de sçavoir être obligeant ! la reconnoissance est par-là substituée à la place du tort dont on étoit menacé. C'est veritablement sçavoir vivre que de convertir en des hommes qui rendent de bons offices, ceux qui n'en eussent rendu que de mauvais. Que l'on sçache donc transformer de la sorte en bienveillance la mauvaise volonté même.

MAXIME CCLX.

Vous ne serez ni tout à qui que ce soit, ni qui que ce soit ne sera tout à vous.

NI le sang, ni l'amitié, ni les plus grandes obligations ne peuvent ici prévaloir : la distance est extrême entre tout cela, & livrer son cœur ou sa liberté. L'union la plus intime admet quelque restriction, qui ne blesse nullement les loix de la plus parfaite amitié : Un ami a son secret qu'il se réserve : un fils même n'a-t-il pas le sien par rapport à son pere? Mais on fait aux uns un mystere de certaines choses que l'on communique aux autres ; & au contraire on communique aux premiers certaines choses dont on fait mystere aux derniers : ainsi l'on s'ouvre ou l'on se cache sur tout selon la conduite des autres à cet égard.

MAXIME CCLXI.

Ne persistez point dans une faute.

UNe faute faite devient à quelques-uns une sorte d'engagement à la soutenir : il leur semble qu'il y a de la fermeté d'esprit à ne point revenir sur ses pas, quand on s'est une fois égaré : la raison leur reproche assez leur erreur : ils n'en veulent pas moins se disculper devant les hommes : ils réüssissent ainsi à faire passer pour une extravagance suivie, une faute qui n'avoit d'abord été qualifiée qu'inattention. Une promesse en l'air, ni une résolution vague ne sont point des engagemens sérieux : & c'est néanmoins pour de semblables sujets que l'on persevere dans sa sottise, que l'on montre de plus en plus sa petitesse d'esprit, & que l'on s'opiniâtre à être un fou constant.

MAXIME CCLXII.

Sçavoir oublier.

IL y a plus de bonheur encore que d'art à oublier. Les choses qui ne sont bonnes qu'à oublier, sont justement celles dont on se souvient le mieux : la mémoire non seulement nous abandonne au besoin, telle est sa dureté ; mais elle ne nous manque point pour des choses hors de propos, telle est son extravagance : elle est diserte sur tout ce qui peut nous affliger ; & laconique sur tout ce qui pourroit nous consoler. L'oubli d'un mal y est souvent le seul remede ; & l'on oublie ce remede. Il faut, pour m'exprimer de la sorte, façonner notre mémoire à de meilleurs usages ; car notre bonheur ou notre malheur dépendent extrémement d'elle. J'excepte ici certains caracteres qui vivent toûjours contens d'eux-mêmes ; dans leur état d'imbécillité, ils joüissent d'une félicité sans mêlange.

MAXIME CCLXIII.

Ne posseder point en propre, bien des choses qui ne sont que pour l'amusement.

Nous joüissons plus de certaines choses qui sont à autrui, que si elles étoient à nous : le premier jour est pour le proprietaire, & tout le reste du temps pour les étrangers : ceux-ci joüissent doublement de ces sortes de choses ; ils n'en appréhendent point la perte ; & elles conservent à leur égard le goût de la nouveauté. La privation de quoi que ce puisse être, nous le fait trouver excellent: l'eau même de la fontaine de notre voisin nous semble du nectar. Outre que la possession des choses dont il s'agit, diminuë le plaisir, elle augmente encore le chagrin; soit qu'on les prête, ou qu'on ne les prête pas. On se fait toûjours plus d'ennemis, que l'on ne fait de gens reconnoissans.

MAXIME CCLXIV.

N'avoir point des jours de dérangement.

LE hazard, pour le dire ainsi, se plaît à surprendre; il neglige, ce semble, mille occasions; afin de nous trouver en défaut: l'esprit, la sagesse, la valeur doivent être toujours à l'épreuve; de crainte que l'heure de leur sécurité ne soit celle de leur décri. La vigilance manque presque toujours, lorsqu'elle seroit le plus nécessaire : l'inattention est comme le piege que l'on offre soi-même pour sa perte. Aussi, c'est la finesse de l'attention d'autrui de prendre à l'improviste le mérite pour l'examiner en toute rigueur & l'apprécier. On connoît déjà les jours de montre & de faste; mais on y dissimule d'abord avec art son attention : après quoi revient un de ces mêmes jours, auquel les gens ne sont point sur leurs gardes, & on le saisit pour approfondir ce qu'ils valent.

MAXIME CCLXV.

Sçavoir hazarder des sujets.

UNe entreprise risquée dans l'occasion, a souvent fait un grand homme ; ainsi qu'un danger pressant fait un bon nageur : de cette sorte plusieurs ont découvert leur valeur & leur capacité qui auroient resté dans les ténébres, si l'occasion ne les en avoit tirés. Le péril est un aiguillon de la gloire : & une ame noble en des hazards d'honneur fait plus que mille autres. La Reine Isabelle de Castille eut au souverain dégré comme toutes les autres grandes maximes, celle de mettre des sujets dans l'occasion : le grand Capitaine dût son surnom à cette faveur de politique, & sa gloire immortelle fit ensuite plusieurs grands hommes par le même moyen.

MAXIME CCLXVI.

N'être pas méchant, pour n'être que bon.

ON est méchant à force d'être bon, lorsqu'on n'est jamais fâché de quoi que ce soit. Les gens insensibles à ce point sont-ils des hommes ? Ce caractere n'a pas toujours sa racine dans l'indolence; il l'a souvent dans l'incapacité. Un sentiment bien marqué quand il faut, est l'acte d'un homme : les oiseaux se mocquent bientôt de la figure d'un épouvantail. Il est d'un bon sens de mêler la severité à la douceur : la douceur toute seule n'est que pour les petits enfans & les imbecilles. Il est bien triste de s'avilir soi-même pour n'être que bon, par insensibilité.

MAXIME CCLXVII.

Paroles gracieuses, jointes à une noble affabilité.

UNe parole désobligeante perce le cœur, comme une fleche le corps. Une pastile embaûme toute la bouche. C'est un grand talent dans la vie, de sçavoir vendre de l'air : presque tout s'y paye avec des paroles; elles suffisent à l'impossibilité même.

On négocie avec de l'air pour de l'air; & quand c'est un superieur qui en donne, on s'en repaît long-temps.... Il faut toûjours avoir de l'affabilité de reste; afin que les paroles s'en ressentent: ceci sied bien aux ennemis mêmes, les uns à l'égard des autres. L'affabilité est le grand moyen de se rendre aimable.

MAXIME CCLXVIII.

Que le sage fasse dès le commencement, ce que le fou ne fait qu'à la fin.

LE fou fait la même chose que le sage; le temps seul les differencie: celui-ci agit à propos, & l'autre après coup. Un homme qui brusquement se monte d'abord l'esprit à rebours, continuë en tout de la même façon; il prend tout à contre-sens, la gauche au lieu de la droite, les pieds au lieu de la tête : en un mot tous ses procedez font autant de travers : la seule ressource qui lui reste alors, c'est de faire enfin par force, ce qu'il auroit pu faire de gré. Mais le sage se tourne d'abord à ce qu'il convient de faire, & s'en acquitte après cela avec plaisir, & avec honneur.

MAXIME CCLXIX.

Tirer tout l'avantage de son mérite nouveau.

Tant que la nouveauté du mérite subsiste, il est estimé. La nouveauté plaît ; à cause de la varieté, qui est une sorte de rafraîchissement pour le goût. On prise plus un mediocre merite qui ne fait que de naître, qu'un merite superieur auquel on est accoûtumé. Les plus grandes qualitez s'usent & vieillissent enfin. La gloire de votre nouveauté ne durera gueres ; bientôt on n'y fera plus d'attention. Ne négligez donc rien dans cette premiere fleur d'estime ; tirez-en au plûtôt tout le fruit que vous pouvez prétendre, avant qu'elle passe. Dès qu'on commence à se rallentir sur un merite récent, on ne tarde pas à se refroidir tout-à-fait ; le dégoût par l'habitude de le voir succede à l'agrément de la nouveauté. Tout a eu son tour, & tout a disparu.

MAXIME CCLXX.

Ne pas condamner tout seul, ce qui plaît à bien des gens.

DEs qu'une chose est goûtée de tant de personnes, il faut qu'elle ait du bon ; & quoiqu'on ne s'explique peut-être pas sur cela, enfin on est content. La singularité est toûjours odieuse ; & si elle porte à faux, elle est ridicule ; par-là on se fait plus de tort à soi-même qu'à la chose ; on demeure seul abandonné à son mauvais goût. Si l'on ne sçait pas discerner le bon : que l'on dissimule son insuffisance, sans condamner à la boullevûë : car l'ignorance est assez la source du mauvais goût. Ce que tout le monde dit, est ; ou l'on veut qu'il soit.

MAXIME CCLXXI.

Qu'un homme mediocre dans sa profession, s'en tienne toûjours au plus sûr : s'il ne passe pour un esprit transcendant, il sera du moins estimé un esprit solide.

UN homme qui sçait beaucoup, peut prendre l'essor,

& travailler de genie. Quand on sçait peu, c'est comme chercher un précipice, que de hazarder. Suivez toûjours la droite; c'est la route marquée, où vous ne pouvez vous égarer. A mediocre habileté, chemin large & uni. A tout ce qui fait loi, le plus ou le moins de science n'y change rien pour le fonds. La sûreté est plus sage que la singularité.

MAXIME CCLXXII.

Accorder de bonne grace, c'est obliger doublement.

LA maniere dont un grand cœur accorde, est toûjours fort au-dessus de ce qu'on lui demande : il donne moins, qu'il ne met une hypothéque sur autrui, pour user de ce terme; car sa générosité impose d'elle-même une plus grande obligation, que le bienfait. Rien ne rend plus comptable un honnête-homme, que ce qu'il reçoit d'une ame genereuse: l'obligation double à son égard; parce que le prix de la chose double par la bonne grace qui l'accompagne. Mais le terme de générosité est de l'Arabe pour des gens sans honneur, ils n'ont pas même la premiere idée d'une si belle vertu.

MAXIME CCLXXIII.

Connoître les caracteres d'hommes avec qui l'on est en commerce; pour en connoître les intentions.

Quand on connoît à fond la cause, on connoît bientôt l'effet. Un mélancolique présage toûjours des malheurs; & un médisant conjecture toûjours des fautes: le pis du pire ne manque jamais de s'offrir à eux: comme ils ne voyent ni l'un ni l'autre nul bien

présent, ils ne font que pronostiquer sans cesse le mal possible.. Un homme passionné parle toûjours un langage different des choses ; c'est la passion & non point la raison qui parle en lui : tous en usent ainsi selon leur disposition personnelle, ou leur humeur ; & jamais selon les régles de l'exacte verité. Il faut sçavoir développer la fausse réprésentation de l'homme ; & par l'assemblage de tous les traits connoître le fond de son ame : étudiez le caractere de celui qui rit toûjours sans sujet, & de celui qui ne rit jamais à faux : soyez sur la réserve avec un homme qui questionne sans cesse, comme avec un étourdi, ou un espion.. Communément, il n'y a pas trop à compter sûr certaines gens d'une figure bisarre & sinistre : comme la nature les a outragez, ils se vengent pour l'ordinaire de cet affront, en la deshonorant à leur tour..... La
beauté

beauté singuliere dans un homme y marque le plus souvent une bêtise proportionnée.

MAXIME CCLXXIV.

Le talent de plaire.

CE talent est un charme, qu'une politique honnête doit employer pour gagner les cœurs, & non point pour quelque interêt propre. Les belles qualitez ne se suffisent pas à elles-mêmes, pour être applaudies ; l'agrément leur est necessaire. Cet attrait est un des moyens des plus d'usage pour la souveraineté. Il y a du bonheur à plaire ; mais l'art y contribuë beaucoup ; sur un grand fonds naturel, l'art est mieux assuré, pour user de cette metaphore : de-là naît cette *pieuse affection*, qui réünit pour vous tous les cœurs.

MAXIME CCLXXV.

Etre quelquefois populaire, mais avec décence.

IL ne faut pas repréſenter toûjours : il eſt d'un grand homme de relâcher un peu de ſa dignité ; pour le rendre aimable à tous. On peut quelquefois condeſcendre aux goûts de la multitude, ſauf néanmoins le *Decorum* : car, qui folâtreroit en public ne feroit pas réputé ſage en particulier. On perd plus dans un ſeul jour de gayeté que l'on n'a gagné dans toutes ſes années de ſerieux. Cependant, on ne doit point être comme une exception éternelle du genre humain (ſingularité qui feroit une cenſure de tout le monde. Mais il ne faut pas non plus s'émanciper à des mignardiſes d'eſprit, laiſſez-les au ſexe,) les plus ſpirituelles ſont ridicules. Le meilleur de l'homme, c'est de le paroître. Une femme peut avec grace avoir un air mâle; mais il ne fut jamais permis à un homme de prendre un air efféminé.

MAXIME CCLXXVI.

Sçavoir se renouveller.

Dans l'opinion de quelques gens, la disposition où l'état de l'homme change de sept ans en sept ans; j'y souscris, si c'est pour devenir plus parfait. La raison vient à sept ans; que chaque lustre amene ainsi quelque nouvelle perfection. Il faut observer cette variation naturelle pour la seconder, & se préparer à croître successivement en merite. C'est apparemment de cette sorte que plusieurs ont changé d'erremens, soit par rapport à leur situation personnelle, soit par rapport à leur emploi; sans s'appercevoir néanmoins de ce changement, jusqu'à ce qu'il fût devenu total.. A vingt ans, l'homme est paon, *par son attachement aux choses vaines* : A trente il est lion, *par son feu & par sa fureur* : A quarante il est chameau, *par sa force à supporter le faix du travail* : A cinquante il est serpent, *par sa prudence* : A soixante il est comme le chien, *par son humeur grondeuse & mordante.* A soixante & dix il est singe, *par sa passion d'imiter ce qu'il n'est plus* : A quatre-vingts ans, il n'est rien.

MAXIME CCLXXVII.

L'homme qui sçait paroître à propos.

CE talent donne de l'éclat à toutes les belles qualitez, chacune a pour cela son temps qu'il faut sçavoir prendre.. Tout jour n'est pas un jour de triomphe. Il y a des hommes en qui le mediocre paroît autant que le bon ; & à qui le bon attire l'admiration : & lorsque la montre répond à un fonds extraordinaire, on passe pour un prodige. Il est des peuples entiers à qui la représentation est naturelle ; tels sont pardessus tous les Espagnols. La lumiere embellit en un instant toute la nature : ainsi la montre répand du lustre sur tout : elle ajoûte à tout quelque chose ; elle donne à tout comme un second être, lorsqu'elle est fondée sur la réalité. Le Seigneur même, auteur de toutes nos perfections nous avertit de les laisser briller, quand il faut ; autrement elles demeureroient dans un état contraire à ses desseins.. L'art est necessaire pour paroître : la plus excellente chose dépend des circonstances, & n'est pas toûjours à sa place : il sied mal de paroître hors de saison : nul talent ne doit moins être affecté que celui-ci ; l'affectation le dégrade d'autant plus qu'elle ressemble fort à la vanité, & que la vanité est très-méprisable : ce même talent a donc besoin de grands menagemens pour ne pas s'avilir ; son peu de réserve le décrie toûjours dans l'esprit des gens éclairez ; il consiste quelquefois à garder le silence d'une certaine façon, laquelle est une éloquence muette ; tantôt il consiste à faire entrevoir quelque perfection avec un air de négligence : cette sage dissimulation est la maniere la plus plausible pour paroître ; car rien ne picque davantage la curiosité, que de lui dérober ainsi la connoissance des choses. Talent admirable que celui de ne pas découvrir à la fois tout ce que l'on veut, mais de le montrer peu à peu, & comme par degrez ; qu'une perfection mise en jour, soit comme la caution d'une autre encore plus grande, & que l'applaudissement de la premiere fasse souhaiter avec une nouvelle ardeur de les avoir toutes.

MAXIME CCLXXVIII.

Ne se faire remarquer en quoi que ce soit.

Vouloir être remarqué, c'est le moyen de convertir en défauts ses perfections mêmes : ce desir naît d'une singularité qui fut toûjours blâmée. Un homme singulier est isolé : la politesse même pour peu qu'elle excede est desaprouvée ; c'est assez qu'elle attache l'attention pour choquer : que sera-ce donc des singularitez bizarres ? Mais il en est qui veulent être reconnus par des vices qui leur soient propres ; jusqu'à innover dans le mal pour se faire un nom par leur ignominie. L'esprit même s'il subtilise trop dégenere en pedanterie.

MAXIME CCLXXIX.

— Laisser contredire.

IL faut d'abord mettre de la différence entre un contradicteur artificieux, & un contradicteur grossier : on ne contredit pas toûjours par rusticité ; on le fait aussi par finesse : soyez attentif à laisser l'un, & à éluder l'autre : nos soins ne sçauroient être mieux employez qu'à notre propre garde : & contre tous les détours que l'on peut prendre pour pénétrer jusqu'à notre cœur, il n'est point de meilleur moyen d'en défendre l'entrée, que la réserve.

MAXIME CCLXXX.

L'honnête-homme.

IL n'y a plus de vraye probité : les obligations ne se reconnoissent plus : il est très-peu de relations où il y ait de l'honneur : aux services les plus essentiels, la plus vile récompense. Ainsi va le monde aujourd'hui, des nations entieres sont portées à l'iniquité en tout genre de commerce & de traité ; la trahison est à craindre dans celles-là, l'inconstance dans celles-ci, la surprise dans les autres. Que ces mauvais exemples qui vous sont étrangers, vous servent d'instructions, non point pour les suivre, mais pour vous en garantir. La droiture est exposée à gauchir parmi tant de procedez iniques : cependant l'honnête-homme n'oublie jamais ce qu'il est, pour être ce que sont les autres.

MAXIME CCLXXXI.

Le suffrage des gens de merite.

L'Approbation toute simple d'un homme extraordinaire, a plus de poids que l'applaudissement universel du commun: tous ces petits suffrages sont comme de trop legers alimens qui ne soutiennent point. Les gens de merite parlent avec connoissance de cause; & ainsi leur loüange, comme une nourriture solide, procure une pleine satisfaction. Le sage Antigonus mettoit toute sa gloire à avoir pour soi le suffrage de Zenon: & le divin Platon nommoit Aristote toute son académie. Combien ressemblent au contraire à des gens qui ne songent qu'à se bien remplir l'estomac; fut-ce de toutes sortes de mauvaises drogues? Le Souverain même à besoin du suffrage des gens d'esprit ; & leur plume doit lui être plus redoutable qu'à la laideur, le pinceau.

MAXIME CCLXXXII.

L'utilité de l'absence, soit pour le respect, soit pour l'estime.

SI la présence diminuë l'estime, l'absence l'augmente. Un homme que l'on croyoit absent un lion, ne paroît présent que comme le prodige ridicule de la montagne en travail. Les belles qualitez perdent à se montrer de près; parce que l'on regarde d'ordinaire l'écorce plûtôt que le fonds. L'imagination va bien plus loin que la vûë : & l'illusion qui se fait par des récits disparoît à l'aspect de l'objet. Un homme renfermé chez soi avec l'estime qu'on a conquë de lui, conserve sa réputation. La retraite sert aux Phœnix même, d'abord pour le *Decorum* & puis pour se faire admirer & desirer davantage.

MAXIME CCLXXXIII.

Inventer, mais sagement.

L'Invention est la marque d'un genie transcendant ; mais dans quel genre sera-t'elle, sans qu'il y entre un grain de folie ? Les esprits vifs sont pour l'invention, & les esprits judicieux, pour le bon choix : les premiers sont plus rares & plaisent beaucoup : dans le bon choix plusieurs ont réüssi, & très-peu dans l'invention : ceux-ci ont eû la gloire de la primauté par rapport au merite, aussi-bien que par rapport au tems. La nouveauté flatte, & donne aux choses un double prix, si elle est heureuse. Dans les matieres de pur raisonnement, l'invention & la nouveauté sont dangereuses, le paradoxe y est à craindre : l'une &

l'autre font dignes de loüanges & d'applaudiſſemens dans les ſujets propres du ſeul bel eſprit ; ſi d'ailleurs elles ſont d'accord avec les régles.

MAXIME CCLXXXIV.

Ne vous ingerez point dans les affaires d'autrui : les vôtres en iront mieux.

SI vous voulez qu'on vous eſtime, ayez ſoin vous-même de votre réputation : menagez-vous, bien loin de vous prodiguer : faites-vous déſirer ; & vous ſerez bien reçu : ne venez point ſans qu'on vous demande ; & n'allez point ſans qu'on vous envoye. Celui qui de ſon propre mouvement ſe charge de l'affaire d'autrui, au meme temps il en prendra ſur ſoi toute la haine, ſi elle ne réüſſit pas ; & ſi elle réüſſit, on ne lui en sçait point de gré. Un intrigant est en butte à tous les mépris : & comme il s'impatronise sans pudeur, on le congedie avec confusion.

MAXIME CCLXXXV.

Ne se perdre point, parce qu'un autre s'est perdu.

D'Abord connoissez bien l'homme qui s'est mis dans le précipice ; & remarquez qu'il réclame votre secours, pour trouver sa consolation à vous voir aussi malheureux. Ces gens-là cherchent qui les aide à soulager leur destinée ; & demandent la main à ceux auxquels ils tournoient le dos dans leur prosperité. Il y a des précautions à prendre, pour secourir un homme qui se noye, sans s'exposer soi-même à perir.

MAXIME CCLXXXVI.

Tâcher de n'avoir la derniere obligation à qui que ce soit; & de n'être point obligé à toutes sortes de gens: afin de n'être ni l'esclave du genre humain, ni celui d'aucun particulier.

Les uns font nez plus heureux que les autres: ceux-là pour faire du bien, ceux-ci pour en recevoir. La liberté est quelque chose de plus précieux que le don par lequel on le perd. Aimez mieux que plusieurs dépendent de vous, que vous de dépendre d'un seul. La souveraine puissance n'a proprement d'autre avantage que d'être en état de faire plus de bien. Par-dessus tout gardez-vous d'envisager comme une faveur, une obligation qui a des suites: car d'ordinaire les gens adroits prennent les devans pour obliger un homme, & par-là l'engager selon leurs vûës.

MAXIME CCLXXXVII.

N'agir jamais dans la passion; autrement tous nos pas seront des écarts.

UN homme qui est hors de lui, ne peut plus agir par lui-même : la passion bannit toûjours la raison : alors il faut avoir comme un substitut sage & prudent ; & il le sera s'il est actuellement sans passion. Ceux qui ne font que regarder joüer, voyent plus que les joueurs; parce qu'ils ne se passionnent point. Dès qu'on se sent ému, c'est un avertissement à la raison pour nous retenir; de crainte que la bile ne s'allume tout-à-fait : car alors elle s'exhaleroit sur tout; & ensuite il faudroit payer quelques momens de colere par une grande confusion de soi-même, & par les justes plaintes des autres.

MAXIME CCLXXXVIII.

S'accommoder à l'occasion.

QUe l'occasion présente détermine ce que nous devons faire, ce que nous devons dire ; tout ce qui est pour lors convenable. Vouloir, quand on le peut ; car la saison ni le temps n'attendent personne. Ne vous faites point dans la vie des principes invariables, si ce n'est par rapport à la vertu. Vous ne marquerez pas non plus des régles précises à votre goût ; parce que demain vous pourriez être obligé de boire de l'eau dont vous ne voulez point aujourd'hui. Il y a des hommes d'une extravagance bien paradoxe, lesquels prétendent que toutes les circonstances s'accommodent à leur fantaisie: mais le sage n'ignore pas que la vraie prudence, est de se prêter soi-même à l'occasion.

MAXIME CCLXXXIX.

Rien ne met davantage un homme dans le décri, que de faire apercevoir qu'il est homme.

ON cesse d'être estimé ce que l'on est, un Etre en quelque sorte divin ; dès qu'on se montre homme. La legereté est le plus grand contraste de la réputation. Un homme grave est quelque chose de plus qu'un homme ; & un homme leger, quelque chose de moins. Il n'est point de défaut qui décrédite davantage que cette legereté ; parce qu'elle heurte comme de front, la dignité de l'homme. On ne sçauroit faire aucun fond sur un homme leger ; & encore moins s'il est dans un âge où la sagesse est de necessité. Au reste, bien que la legereté soit un défaut très-commun ; cela n'empêche pas qu'elle ne soit fort décriée dans chaque particulier.

MAXIME CCXC.

C'est un grand bonheur que d'avoir à la fois l'estime & l'affection.

POur être toujours respecté, que l'on ne soit pas trop aimé. L'amour est plus téméraire que la haine. L'affection & la vénération ne s'allient pas aisément ensemble : s'il ne faut donc pas être trop craint, il ne faut pas non plus être trop aimé : l'affection facilite la liberté ; & à mesure que celle-ci croît, l'estime diminuë. Soyez aimé par estime, bien plus que par affection : c'est de cette sorte que doivent être aimez les grands Hommes.

MAXIME CCXCI.

Sçavoir essayer un caractere.

IL faut que l'attention d'un homme judicieux entre ici en compromis avec la réserve d'un homme fin. Un grand jugement est necessaire pour mesurer celui d'autrui. Il importe plus de connoître les génies & les caracteres, que de connoître les proprietez des herbes & les qualitez des métaux : la premiere de ces connoissances est l'une des plus fines de la vie. On connoît les métaux au son, & les personnes à la voix : mais le fonds de l'homme se découvre par les procedez plus que par les paroles : & pour cela il faut une attention profonde, une pénétration extraordinaire, un discernement très-critique.

MAXIME CCXCII.

Que le génie soit au dessus, & jamais au dessous de l'emploi.

Quelque élevé que soit le poste, l'homme doit lui être encore superieur. Un génie étendu se développe & se découvre à proportion des emplois : au contraire un génie étroit se trouve bientôt accablé par les affaires, & succombe enfin avec honte sous le poids de son devoir. Auguste s'estimoit plus d'être un grand Homme qu'un puissant Empereur. C'est ici que le courage & une sage confiance en soi-même servent beaucoup.

MAXIME CCXCIII.

La maturité de l'homme paroît dans sa personne ; mais beaucoup plus encore dans sa conduite.

LE poids ajoûte du prix à l'or; & la gravité, à l'homme : elle est comme le *Decorum* de ses autres qualitez, ausquelles elle attire la vénération. La représentation est, pour user de ce terme, la façade de l'ame. La gravité n'est point une contenance de manége, ainsi qu'il plaît à la legereté de le dire ; elle est comme une autorité tranquille sur soi-même, laquelle fait que l'on parle toujours raison, & que l'on n'entreprend rien qui ne soit bien concerté. Aussi elle suppose un homme fait, eu égard & au merite & à l'âge qui sont mûrs ; car au sortir de l'enfance on a commencé à devenir grave & à gagner de l'autorité.

MAXIME CCXCIV.

Etre moderé dans ses sentimens.

Chacun conçoit les choses, selon qu'elles lui conviennent, & trouve dans son imagination mille raisons pour soi. La passion l'emporte dans la plûpart sur le sentiment intérieur de la vérité. Deux hommes pensent, comme il arrive, d'une façon directement opposée ; & chacun se flatte d'avoir de son côté la raison : cependant la vraie raison n'eut jamais une double face. En ces occasions délicates, qu'un homme sage prenne la voye de l'examen : cet état de doute modifiera la qualification du procedé de son antagoniste : qu'il se mette même quelquefois du côté de celui-ci, & qu'il en péfe les preuves contraires aux fiennes propres : de cette forte il ne le condamnera pas, ni ne fe donnera pas à foi-même fi legerement gain de caufe.

MAXIME CCXCV.

Ne point faire l'homme important, mais faire les chofes.

LEs gens qui ont le moins d'occupations, font ceux ordinairement qui s'en difent le plus chargez : ils font du plus grand fang froid un myftere de tout. Cameleons pour les loüanges, lefquels fourniffent à tout le monde une ample matiere de rire : car la vanité toujours infipide, eft ici généralement fifflée. Ces fourmis en fait de gloire, s'en vont mendiant par tout l'honneur dû aux belles actions.. Plus le merite eft extraordinaire, moins on doit en faire

faire parade : contentez-vous de faire les choses ; & laissez aux autres le soin de les dire : donnez vos faits ; & ne les commercez pas, pour user de ces termes. Que des plumes ne soient point loüées au poids de l'or, pour écrire des actions indignes, qui font horreur aux sages. Aspirez plus à être héros, qu'à le paroître.

MAXIME CCXCVI.

Le grand-Homme, grand en tout.

Les qualitez du premier Ordre font les hommes extraordinaires : une seule de ces qualitez équivaut à toutes les autres qui ne sont que dans un dégré médiocre. Tel autrefois vouloit que tout ce qui étoit à son usage, jusqu'au moindre meuble, fût magnifique : à plus forte raison le grand-Homme doit faire en sorte que toutes les qualitez de l'ame soient grandes en lui. Tout est infini, tout est immense en Dieu : tout doit être ainsi à proportion dans un Héros : que toutes ses actions, que ses discours mêmes portent un caractere de majesté qui les éléve au-dessus du commun des hommes.

MAXIME CCXCVII.

Comportez-vous toujours, comme si l'on vous voyoit.

L'Homme sage que celui qui se figure, qu'il n'est pas sans témoins, ou qu'il en aura. Il sçait que les murailles écoutent ; & qu'une mauvaise action ne sçauroit manquer d'éclater : il se comporte seul, comme si tout le monde le regardoit actuellement ; parce qu'il n'ignore pas que tout se sçaura : il se représente comme témoins déja oculaires, ceux qui dans la suite le seront par la manifestation du mal : celui-là ne s'embarassoit point qu'on pût observer d'ailleurs tout ce qui se passoit dans sa maison, qui souhaitoit que tout le monde le vît.

MAXIME CCXCVIII.

L'esprit fertile, le jugement profond, & le goût exquis: trois dons de la liberalité du Ciel, lesquels rendent l'homme un prodige.

Bien concevoir est un grand avantage; mais raisonner bien en est un plus grand : le bon esprit a l'un & l'autre. Il ne faut pas que l'esprit soit lent; il seroit plus de travail que de ressource. Penser bien, c'est le fruit de la raison formée. A vingt ans la volonté regne; à trente, l'esprit; & le jugement à quarante. Il y a des esprits qui semblables aux yeux du Linx, éclairent tout de leurs vives umieres; & qui raisonnent avec d'autant plus de clarté que les choses sont plus obscures : il y en la d'autres de *rencontre*, lesquels trouvent toujours ce qui est le plus à propos : tout vient au devant d'eux & dans un bon ordre. Heureuse fécondité ! Cependant un goût exquis est l'assaisonnement de tout.

MAXIME CCXCIX.

Laisser les gens sur leur appétit; avec le Nectar même sur les lévres.

LE désir est la mesure de l'estime. A l'égard même de la soif, il y a de la délicatesse de goût, à sçavoir l'exciter seulement, & à ne le point ôter tout-à-fait. Le bon en petite quantité, & une fois, est doublement bon ; une seconde fois en diminuëra de beaucoup le prix. Il est dangereux de prodiguer les choses qui plaisent; c'est exposer au mépris le merite même le plus accompli. L'unique régle de plaire, est de trouver avec la faim dans laquelle on l'a laiſſé, l'appetit que l'on n'a qu'effleuré. Si les gens ont à ſe fâcher, que ce ſoit par l'impatience de leur déſir, plûtôt que par le dégoût des choſes qui leur ont été agréables. Un bonheur que l'on achete bien cher, ſe goûte doublement.

MAXIME CCC.

Etre un Saint : c'est dire tout, & à la fois & en un mot.

LA vertu est l'assemblage de toutes les perfections ; & la source de tout le bonheur de l'homme : elle le rend prudent, attentif, éclairé, discret, sage, courageux, retenu, intégre, heureux, estimable, vrai, Héros universel. Trois S. S. S. font notre bonheur ; *Sainteté*, *Santé*, *Sagesse*.... La vertu est comme le Soleil du petit monde ; c'est-à-dire de l'Homme : & elle a comme pour hémisphere, la bonne conscience : Elle est belle au point de gagner le cœur de Dieu, & les cœurs des hommes. Il n'est rien d'aimable que la vertu, & rien d'odieux que le vice. La vertu est une chose réelle ; & tout le reste n'est qu'un phantome. Le merite & la grandeur se doivent mesurer sur la vertu, & non point sur la fortune. La vertu se suffit seule à elle-même : elle rend l'homme aimable durant sa vie, & mémorable après sa mort.

REPONSES
A M. L'ABBÉ
DES FONTAINES,

SUR QUELQUES expreffions Françoifes qu'il condamne dans L'HOMME UNIVERSEL & dans le HEROS.

TRADUITS DE GRACIEN.

AVIS.

Deux choses sont necessaires à un Auteur qui s'érige en Critique de son siécle sur le langage; sçavoir, la lecture des premiers Maîtres, des Modelles de sa nation en ce point; & l'usage instructif de cette même lecture dans ses propres Ecrits. Si la premiere chose lui manque, il s'exposera au danger d'être accusé d'ignorance; s'il manque lui-même à la seconde chofe, le défaut de goût pour écrire, lui fera juftement reproché ; & l'on ajoûtera à ce reproche fa reffemblance avec les mauvais Originaux qu'il fuit, tandis qu'il les blâme.

LE CENSEUR.

Avantageux. Ce mot se trouve dans le Dictionaire de Trévoux, pour exprimer un homme qui parle insolemment, qui est haut & presomptueux; & qui dit des choses fâcheuses à celui qui le contredit: Comme ce Dictionaire ne cite ni autorité ni exemple, il est à croire que ce mot pris en ce sens ne s'étoit point encore écrit. Il l'a été en 1723. de peur qu'on ne me traite d'homme *avantageux*, qui prend ici le ton décisif, &c. On assure néanmoins que ce mot se trouve dans un Auteur Gaulois: il est toujours certain qu'il est peu usité, & peut-être qu'en soi il est mauvais, mais étant soutenu de l'autorité de *l'avantageux* Traducteur de Gracien, qui oſera condamner ce terme ?

REPONSE.

Le terme *avantageux* à la place où je l'ai mis, eſt ſi peu *gaulois* & ſi peu *uſité*, que toutes les perſonnes de la Cour, & d'un certain rang dans le monde, le connoiſſent & s'en ſervent. Voilà ce que le commerce & la déciſion des honnêtes gens qui parlent bien, apprennent à un Ecrivain de profeſſion. Ce même terme a paſſé de l'entretien dans les Ouvrages d'eſprit : il faut les lire ces Ouvrages, au lieu de feüilleter un Dictionaire défectueux, ſoit pour les omiſſions, ſoit pour les mépriſes, & d'en faire ſa regle certaine de critique, à meſure que l'on veut reprendre les autres ſur le François : „ * Monſieur de Tourreil „ n'eſt point de ces hommes a-„ vantageux qui parlent toujours „ d'un ton déciſif, & qui ont tout

Præf. de M. l'Abbé Maſſieu.

approfondi : il sçait douter en «
plusieurs endroits ; il sçait même «
ignorer en d'autres, & avoüer «
de bonne foi qu'il ignore. *Pour* «
exprimer un homme : on dit expri- «
mer une chose. Mais étant sou- «
tenu de l'autorité de *l'avanta-* «
geux Traducteur de Gracien, «
qui osera condamner ce terme : «
Il falloit dire : mais ce terme étant
soutenu, &c. qui osera le condamner ? Qui oseroit valoit mieux que,
qui osera. Enfin le Censeur, suivant sa methode ordinaire, ne
cite pas fidélement : il substitue
ces termes, un homme *qui est
haut & présomptueux*, aux termes
du Dictionaire, un homme *qui
emporte tout à force de crier.* Cette
phrase étoit essentielle ; elle peint
plus un homme qui prétend avoir
l'avantage, qui veut l'emporter
sur les autres par un ton de voix
élevé & imperieux.

LE CENSEUR.

Permettre. On dit *se permettre*

pour dire se livrer, s'abandonner. Que le genie soit donc singulier, mais sans donner dans le bizarre; heureux, mais sans devenir temeraire; superieur, mais sans *se permettre* au Paradoxe, *Hom. univ.*

REPONSE.

Ce n'est point pour dire se livrer, s'abandonner, mais pour dire *se préter*, que l'on dit aussi *se permettre*. Une ame seroit heureuse qui pourroit se refuser toute entiere à certaines passions, & ne feroit seulement que se permettre à quelques autres: elle seroit sans crainte, sans tristesse, sans haine, sans jalousie. Après avoir necessairement employé plusieurs fois *se préter*, j'ai crû pouvoir employer sans affectation, *se permettre*; afin d'éviter des redites qui marquent toujours une grande sterilité d'expression. Or je n'ai pas la vanité de me croire assez riche de mon fonds,

S. Evremont, Lett. à M. le Maréch. de Crequy.

pour y trouver la varieté des locutions propres de notre langue, & pour ne la pas chercher dans nos Maîtres. Le Cenſeur n'y fait point tant de façons, parce qu'il eſt ſon modéle à lui-même. Les voici à peu près tous ces tours, & tous ſes termes variez dans ſa brochure néologique. „ O la « charmante expreſſion ! O que « cela eſt admirable ! Que cela eſt « mignon & élegant ! Que cela eſt « tranſparent ! Voilà du beau Fran- « çois. L'Horace moderne eſt le « plus genereux des mortels. Le « privilege de parler autrement « que le reſte des mortels. En ve- « rité cela eſt inimitable. Belle « metaphore. En verité cela eſt « ingenieux ! Belle Metonymie. « Cela eſt d'une galanterie gram- « maticale. Cela eſt bien dit. Bon- « ne expreſſion. Voici un morceau « de galimathias charmant. Voici « un morceau de galimathias que « l'on défie de débrouiller. Que «

» cette façon de parler eſt belle.
» Que cela eſt délicatement en-
» veloppé ! Voilà un trait très-
» philoſophiquement gai. Cette
» façon de parler eſt heureuſe.
» Mot très-beau. Mot nouveau &
» exquis. Terme noble ! Expreſ-
» ſion nullement baſſe. Terme
» noble ! Expreſſion ingenieuſe,
» charmante image ! Metaphore
» brillante ! Que cela eſt profond !
» Que cela eſt élegant ! Que l'ex-
» preſſion eſt jolie ! Phraſe très-
» élegante ! Que cette expreſſion
» eſt claire & coulante ! Que cette
» chute eſt belle ! Mot bas & groſ-
» ſier. Expreſſion du bel uſage.
» Equivoques groſſieres ! Pointes
» impertinentes ! Fades alluſions !
» Très-beau livre, qui parvint à
» la beurriere au bout de ſix mois,
&c. Telle eſt la richeſſe, l'élevation & la critique du Cenſeur : il puiſe tout cela dans ſon genie, qui lui tient lieu d'uſage, de lecture & de goût.

LE CENSEUR.

Montre. On fe fert depuis peu de ce terme pour fignifier l'apparence & ce qui paroît. »C'eft une « queftion, dit l'arbitre, c'eft une « queftion agitée par les plus ha- « biles politiques, fçavoir fi la réa- « lité nous importe plus que la « montre. «

REPONSE.

Tout eft nouveau en matiere de langage pour le Cenfeur. Quand fur une fi belle montre « on a feulement effayé le perfon- « nage, dit la Bruyere. Elles s'ef- « forcent de fe rendre celebres « par la montre d'une incon- « folable affliction, dit la Ro- « chefoucault. Je ne veux point « faire ici une vaine montre d'am- « bition, dit S. Evremont, &c. « La montre de la douleur eft d'ordinaire plus grande que la douleur même (Flechier) &c. Ce n'est pas d'aujourd'hui que les honnêtes gens qui parlent bien disent : la montre est belle, mais le fonds n'en vaut rien.

LE CENSEUR.

Parasite. Le Traducteur de Gracien dit *des fadaises* parasites (*Hom. universel*) en termes de Botanique on appelle *plantes parasites*, les plantes qui croissent sur d'autres plantes, & se nourrissent de leur suc. (Il falloit dire, & se nourrissent du suc de celles-ci pour ôter toute équivoque.) Le Censeur continue : *Je dirai en passant que le Dictionaire de Trévoux a oublié cette Remarque au mot* Parasite,) peut-être c'est dans ce sens que le Traducteur de Gracien a dit *des fadaises parasites.*

REPONSE.

Le terme parasite peut avoir

deux sens, l'un propre & l'autre figuré : quant au troisiéme sens que le Censeur y ajoûte, j'avoüe que je ne le sçavois point, parce que je n'ai jamais assez étudié la Botanique pour fournir sur cette science des additions au Dictionaire. Dans le sens propre & naturel, un parasite est un *écornifleur, qui fait métier d'aller manger à la table d'autrui, & qui sans cesse y revient malgré les railleries de ceux ausquels il est à charge.* C'est de ce sens propre & naturel qu'est emprunté le sens figuré que j'employe dans Gracien. Tout homme sensé redoute ces discours de bagatelles circulaires & de fadaises parasites qui reviennent sans cesse. Pour ce qui est de ces *plantes parasites qui se nourrissent du suc des autres* ; c'est une allusion que je ne comprens pas trop. Apparemment que le Censeur veut me reprocher que je dois à quelqu'un cette expression figurée de *fadaises para-*

sites. Je conviens qu'on s'en est servi avant moi ; sans cela je ne l'aurois pas mise en œuvre, ou bien je l'aurois marquée en Italique, ainsi que j'ai fait, pour *Humoriste.* Je le déclare encore ici ; *je me nourris*, autant que je puis *du suc* de nos meilleurs auteurs ; je veux dire de la lecture de nos plus celebres écrivains du regne de Louis le Grand. Peut-être aussi que le Censeur cache sous son allusion un reproche de mon métier *meprisable* de traducteur qui ne produit rien de son fonds ; & ce reproche seroit injuste, parce que j'ai fait d'autres Ouvrages que des traductions. Mais je passe à un autre article.

LE CENSEUR.

Le Cedre croît plus en *une aurore*, que l'Hysope en une année. Heros p. 268. Que cette expression est claire & coulante.

Réponse.

C'eſt une comparaiſon de Gracien même, que je n'ai pas cru devoir ſupprimer. Voici à quels propos il la fait dans le chap. 15. du *Heros*. Il le diviſe ce chapitre en deux articles, dont l'un montre l'importance de bien établir d'abord ſa réputation; & l'autre la neceſſité de l'entretenir, de l'accroître même, s'il ſe peut. " Les " premieres épreuves en tout mé- " tier ſont comme des échantil- " lons que l'on montre au public; " afin qu'il connoiſſe le fonds, & " qu'il en juge. Des progrez éton- " nans ſuffiſent à peine pour ré- " parer enfin des commencemens " qui n'ont été que mediocres.... " Des commencemens heureux " ſont ſuivis d'un double avantage; " qui eſt de donner d'abord un " grand prix au merite, & de lui " ſervir après cela comme de cau- " tion & de garantie pour l'avenir. "

» A l'égard de la réputation, le
» public ne change pas aisément
» sur l'estime dont il est une fois
» prévenu : mais il change enco-
» re moins sur les sentimens des-
» avantageux : un mauvais début
» forme dans l'esprit un préjugé
» qui tient presque toujours con-
» tre les suites. Un succès com-
» mun ne peut pas plus conduire
» à une réputation extraordinaire
» que l'effort d'un pigmée peut
» rendre fameux un Géant... Les
» premiers essais d'un Heros, d'un
» grand homme, doivent être les
» chefs-d'œuvre d'un homme or-
» dinaire... Le cedre croît plus en
» une aurore, que l'hysope en une
» année ; parce que le premier
» vegete d'abord avec une force
» infiniment superieure à celle de
» l'autre. Je dis le même de la
» réputation, laquelle croît en
» très-peu de temps; lorsque les
» commencemens en sont ex-
» traordinaires. Bientôt *l'Heroïcité*

du

du merite se declare, la renom- «
mée se fait entendre, & le *cri* de «
la loüange devient general. ,, J'ai   Fenelon.
rapporté cet endroit tout entier,   Sacy de
parce qu'il fait mieux voir com-   l'Ac. Fr.
bien la censure de la comparai-
son de Gracien donne à faux ; &
qu'il renferme en même-temps
les réponses à deux expressions
condamnées par le Censeur.

LE CENSEUR.

Travailler. *Se travailler* pour
dire se fatiguer, se donner beaucoup de peine.

RE'PONSE.

Se travailler dit quelque chose
de plus, & marque plus d'effort
que se fatiguer.

  O le plaisant avertin
  D'un foû du païs Latin,
  Qui se travaille & se gêne   Rouſ-
  Pour devenir à la fin   ſeau.
  Sage comme Diogene.

* Combien les gens du monde se travail-
lent & se contraignent en certaines occasions
pour cacher les chagrins qui les dévorent.
Dev. de la Vie Mon.

b

Qui se fatigue faisoit le vers aussi-bien que qui se travaille. Mais notre langue a des délicatesses qu'il faut se donner la peine d'étudier.

LE CENSEUR.

Redoubler d'attention. ,, Il faut ,, essayer de découvrir le caracte- ,, re des personnes que l'on ne ,, connoît pas, & *redoubler d'atten-* ,, *tion* pour les pénétrer, si l'on ,, soupçonne que ce sont des hom- ,, mes profonds (*Hom. universel.*) Parcourez *les siecles redoublez,* dit l'Auteur de la *Rel.* Pr. pour dire tous les siecles, &c.

RÉPONSE.

Cromwel redoubla d'attention, lorsqu'il vit l'Armée parlementaire, &c. *Revol. d'Angleterre* par le P. d'Orleans. ,, Le Grand Maître ,, redoubla de zele, &c. *Hist. de Malte,* par M. l'Ab. de Vertot, &c.

Pour ignorer une maniere de parler si usitée, il faut que le Censeur soit bien peu *versé* dans la langue Françoise; je dis versé, afin de lui rappeller ce mot dont il se sert, ainsi que de plusieurs autres, qu'il reprend dans autrui : ces derniers sont très-françois, & rendent la phrase très-exacte; il n'en est pas ainsi de ceux qui lui sont propres & particuliers. J'en apporte quelques exemples pris de son chef-d'œuvre-même; c'est-à-dire de son *avertissement* au public, lorsqu'il fut associé au Journal des Sçavans. Il commence. ″ Voici le Journal ″ des Sçavans qui reparoît.... ″ cette espece d'inter - regne de ″ sept mois. *L'inter-regne* d'un Ouvrage periodique pour en marquer l'interruption est beaucoup plus extraordinaire que *le négligement* d'un écrivain de l'Académie : le négligement peut savoir du moins pour origine le mot latin *neglectus* ; peut-être son sort

b ij

sera-t'il semblable à celui de *desabusement* de M. l'Abbé Regnier, peut-être sera-t'il plus heureux. Ce sont-là de ces mots que l'on expose au public pour sçavoir s'il les agréera ou non. Mais *l'interregne* qui est le temps pendant lequel un Royaume est vacant ou sans chef, ne se dira jamais d'un livre dont le cours a été interrompu : à moins qu'on ne dise aussi *l'inter-regne* de la Seine, pour signifier le temps pendant lequel le cours de ses eaux est quelquefois interrompu. ›› Nous avons
›› reconnu qu'un Journal hebdo-
›› madaire ne prévenoit point en
›› sa faveur, que cette façon de pa-
›› roître lui donnoit un certain air
›› de précipitation dont le public
›› à toûjours lieu de se défier, &
›› le faisoit aussi trop ressembler à
›› ces recueils de nouvelles vul-
›› gaires, qui naissent toutes les
›› semaines, & qui n'ont rien de
›› commun avec ce que les Sça-

„ vans estiment le plus. Periode démesurée, semblable à celle par où *commence la belle vie de l'Archevêque de Bragues*; & dont le Pere Bouhours a dit : *Il faut avoir de bons poulmons pour la lire tout d'une haleine ; & une grande attention pour la comprendre la premiere fois qu'on la lit.* Cependant passons au Censeur l'étendue de ce qu'il étoit si facile de partager; nous en lisons d'aussi longues dans nos meilleurs écrivains : mais elles y ont je ne sçais quoi de noble dans les occasions où elles sont necessaires, elles n'y languissent point par des *que*, & par des *qui* multipliez, elles n'y embarassent point le Lecteur par des termes vagues, ambigus, tels que sont ceux-ci ; „ cette façon de paroître lui donnoit *un certain air de précipitation, dont le public a toûjours lieu de se défier.* Que signifie donner à un Ouvrage, un certain air de précipitation? Que signifie, se défier de ce certain air de précipitation ? Cela demande des explications qui arrêtent le Lecteur au milieu d'une periode à perte d'haleine. ,, Ces Recüeils de nouvelles vul- ,, gaires qui n'ont rien de com- ,, mun avec ce que les Sçavans ,, estiment le plus. Ce n'est pas merveille que des choses vulgaires n'ayent rien de commun avec celles qu'on estime le plus. Aussi l'Auteur prétend-t'il autre chose ; il veut faire un éloge du Journal par ces paroles, *ce que les Sçavans estiment le plus* : mais ce n'est pas sans peine qu'on le devine enfin cet éloge ; il faut pour cela remonter jusqu'à six bonnes lignes d'un in-quarto, pour réünir ce terme Journal qui est à la tête de la grande periode, avec ces termes qui sont tout à la queüe ; *ce que les Sçavans estiment le plus*. Lorsqu'il paroissoit, *le Journal*, tous les lundis, il falloit couper *les matieres* en trop de parties. *L'i-*

mage n'est pas gracieuse. Pour éviter cette *décomposition* nous ne parlions quelquefois que de deux ou trois livres, &c. C'est le fleau des Novateurs pour les mots François, qui s'exprime de la sorte : pour éviter cette décomposition.

<small>Terme de Pharmacie.</small>

Tout cela se présente dans une seule demi-page : l'examen superficiel même du reste qui consiste en moins de trois pages nous conduiroit loin. " Le Journal ne pa- " roissant plus que tous les mois " nous fournit une étendüe suffi- " sante pour y placer *sans contrainte* " un nombre considerable de dif- " ferens articles. Le Journal ne paroissant plus que tous les mois nous fournit, &c. Phrase obscure & quelque chose de plus ; ce qui en cause l'obscurité, c'est que, *ne paroissant plus que tous les mois*, qui est le nominatif du verbe, & le Journal qui en est le cas, sont confondus. Ce n'est pas le Journal qui fournit l'étendüe d'y placer, &c. c'eſt l'eſpace de chaque mois qui laiſſe déſormais le loiſir, la commodité, la facilité d'étendre autant qu'il faut dans le Journal un nombre conſiderable d'articles differens. D'ailleurs qu'eſt-ce que placer ſans *contrainte* des articles, des chapitres, des paragraphes, dans un Ouvrage ? C'eſt ce que perſonne n'entend, & que l'Auteur même ne doit pas entendre. Autres locutions : les Auteurs préſens & à venir.. ʺ Les ornemens ʺ d'un docte Problematique.. On ʺ nous laiſſe faire les frais des ʺ études penibles. Nous vouʺ drions pouvoir toûjours loüer, ʺ mais l'équité s'y oppoſe. A quoi? à vouloir, à pouvoir ? Pour rendre cela net, il falloit dire ſimplement : Nous voudrions pouvoir toûjours loüer, mais l'équité ne nous permet pas de le faire.ʺ Nous ʺ nous attacherons aux régles que ʺ nous preſcrit *l'avantage du public.*

„ *blic.* (Un avantage qui prescrit des régles ne forme pas dans l'esprit une idée fort distincte.) „ Il „ faut qu'on se fie un peu à notre „ goût, & que l'on soit persuadé „ que nous sçavons choisir. C'est à l'Auteur d'accorder ceci avec ce qui précede : *Nous ne jugerons point, nous ne voulons être que les échos des Sçavans.* Nous n'oublirons rien pour inspirer au public un si heureux préjugé ; *que nous sçavons choisir.* L'Auteur est de bonne composition avec le public, il en exige d'abord la persuasion, & puis il se contente d'un heureux préjugé : encore mettrat'on tout en œuvre pour l'inspirer ce préjugé. Après cela le public pourroit-il honnêtement refuser la grace qu'on lui demande ? non : il en sera quitte pour s'imaginer qu'apparemment *on sçait choisir*; mais il ne sera pas obligé de le croire, du moins à la maniere dont s'exprime M. l'Abbé

,, des F..... dépositaire du plus ,, précieux tréfor de la Républi- ,, que des Lettres, il s'empreffe ,, à nous en communiquer toutes ,, les richeffes.) *Il s'empreffe* eſt ,, ici une expreffion forcée. Les ,, correſpondances qu'il *s'eſt pré-* ,, *parées* pour ajoûter au dépôt qui ,, lui eſt confié, tout ce que l'Uni- ,, vers entier produit de *nouveau-* ,, *tez ſçavantes*, nous mettront à ,, portée d'être des premiers à ,, nous en inſtruire, & à en infor- ,, mer le public. Il y a dans cette derniere période une équivoque & un embaras que tout homme qui écrit paffablement, ſçait ap- percevoir d'abord, & ſçait lui- même éviter.

Enfin dans une feule page de cet *Avertiffement* que je n'ai fait que parcourir, on lit cinq fois le terme *paroître*, ſans compter *re- paroître*; & quatre fois le terme, *donner*, revient: *Donner lieu, don- ner un certain air, donner le temps, donner douze journaux.*

Fuir les longueurs, éviter les redites,
Bannir enfin tous ces mots parasites,
Qui malgré vous dans le stile glissez
Rentrent toujours, quoique toujours chas-
sez.

Mais il est juste que le Panegy-
riste reprenne maintenant son per-
sonnage naturel.

LE CENSEUR.

Asséner. Jusqu'ici le mot d'*asséner* a emporté avec lui l'idée d'u-
ne action rude & vigoureuse ; il
faut quand on employe ce mot,
ménager toujours cette idée...
Si les Satiriques ressentent sur
l'heure quelque satisfaction se-
crette d'un coup de langue bien
assené ; ce plaisir malin ne dure
gueres, & le repentir leur en
reste souvent plus d'un jour.
[*L'Homme Universel,*] Belle Métaphore qui nous représente la
langue d'un Satirique, comme
une grosse & lourde massuë, qui
assene de bons coups.

1°. Puisque, selon le Censeur, *Asséner* emporte toujours avec soi l'idée d'une action rude ; bien loin de la ménager cette idée, il faudroit toujours la repréſenter dans toute ſa force, ainſi qu'a fait Moliere en prenant aſséné dans le ſens propre.

Je voudrois ſur ce mufle à plaiſir aſséner
Le plus grand coup de poing qui ſe puiſſe donner.

2°. On dit & on écrit tous les jours : Les Vers de ce Poëte ſont bien *frappez*. Je me rappelle par hazard que le Cenſeur même a dit dans ſes nouvelles Littéraires lorſqu'il étoit Journaliſte : Nous ne rapporterons que cet endroit qui nous a paru *le mieux frappé*. Eſt-ce à grands coups de marteau de forges que *cet endroit*, que ces Vers ont été *frappez* ſur une enclume énorme ? La métaphore d'un coup de langue bien *aſséné*, ne repréſente pas plus une groſſe

& lourde maſſuë que celle de *Vers bien frappez* repréſente un marteau de forgeron & une enclume énorme. Parler & offenſer pour de certaines gens eſt préciſément la même choſe ; „ ils „ ſont picquans & amers, leur „ ſtile eſt mêlé de fiel & d'abſyn-„ the ; la raillerie, l'injure, l'in-„ ſulte leur découlent des lévres „ comme leur ſalive . . *Ils frap-*„ *pent* ſur tout ce qui ſe trouve „ *ſous leur langue*, &c. Le P. Bouhours loüe ce ſtile figuré de la Bruyere ; parce qu'il eſt conforme au genre d'écrire que cet Auteur avoit choiſi. Et Gracien ne fait-il pas auſſi par tout des caracteres ? Eſt-il condamnable pour avoir précédé la Bruyere dans ce genre ? Si le Cenſeur paroiſſoit avoir ſur cette matiere quelques principes, on entreroit avec lui dans un plus grand détail. „ L'on „ peut en une ſorte d'écrits hazar-„ der de certaines expreſſions,

La Bruyere.

La Bruyere.

,, user de termes transposez qui
,, peignent vivement ; & plaindre
,, ceux qui ne sentent pas le plai-
,, sir qu'il y a à les entendre.

LE CENSEUR.

N'*agueres* veut dire il n'y a pas long-temps. Il est souvent employé par Vaugelas : il s'est depuis éteint entierement.. Mais on commence depuis peu à rappeller un mot si injustement banni.
,, Dieu nous délivre du besoin de
,, tous ces gens-là, n'agueres Of-
,, ficiers de quelque Grand, &
,, fideles hôtes d'antichambre]
,, *Homme Universel.*

RÉPONSE.

1°. Il s'est *depuis* éteint entierement : on commence *depuis peu*, &c. Si le Censeur n'est pas riche en expressions, il est prodigue en métaphores : il en donne deux à un seul mot; ce mot est *éteint*, ce mot est un *banni*, & un banni *injustement*, un banni que l'on *rappelle*. ,, Il faut éviter le ,, stile vain & puerile, de peur de ressembler à *Dorilas*, dit la Bruyere. Venons à n'agueres. ,, Nous ,, voyons les montagnes s'applanir pour lui plaire, les précipi- ,, ces se combler, les rivieres se ,, détourner de leur chemin, les ,, sources n'agueres cachées sous ,, la terre, jalir en l'air & se précipiter en cascades. Ce Prince ,, si redoutable à tous les peu- ,, ples, qui n'agueres se vantoit ,, de voir coucher & lever le So- ,, leil dans ses Royaumes; cette ,, orgueilleuse nation n'est plus ,, aujourd'hui la terreur des na- ,, tions. S'il étoit Berger, comme ,, je l'étois n'agueres, il seroit aussi heureux que je l'ai été. Ces premiers Maîtres de la Langue, ces modelles du bon goût ont placé n'agueres où il devoit être;

Pelisson.

Patru.

Télémaque.

c iiij

c'eſt-à-dire, où il exprimoit mieux qu'aucun autre terme le prompt changement d'un état en un autre. Vaugelas faiſoit un uſage habituel de n'agueres, pour dire *qu'il n'y avoit pas long-tems*; mais l'uſage en étoit rare, & de choix dans les Auteurs que j'ai citez. J'ai employé *n'agueres* une ſeule fois, & dans le même ſens qu'eux; quoique je ne les euſſe pas actuellement préſens à l'eſprit; mais parce que toute autre expreſſion me paroiſſoit trop languiſſante.

LE CENSEUR.

Comédiens. ,, Que ces Meſſieurs ſçachent qu'ils ſont des *Héros* en gambades) *Héros de Gracien.*

RÉPONSE.

En gambades eſt un terme bas, & de la façon du Cenſeur; le ter-

me de *Comédiens* n'est point non plus dans ma traduction ; parce qu'il n'est point dans le texte ;
,, J'appelle qualitez éclatantes, dit
,, *Gracien*, celles dont les nobles
,, fonctions sont plus exposées aux
,, yeux de tout le monde, plus
,, conformes au goût général, &
,, plus universellement applau-
,, dies.... Je suppose que par les
,, termes de nobles fonctions,
,, j'exclus suffisamment certaines
,, professions publiques dont l'e-
,, xercice est ignoble & bas. Car
,, il est vrai que l'on bat des mains
,, aux gestes expressifs d'un excel-
,, lent Pantomine, aux tours sur-
,, prenans d'un baladin habile &
,, vigoureux. Mais ces personna-
,, ges aussi vuides de belles quali-
,, tez, que bouffis de vanité pour
,, l'ordinaire, quelle réputation
,, ont-ils ? Ce sont tout au plus des
,, Héros en grimaces & en ca-
,, brioles, &c.

La Bruyere.

,, Il ne faut pas mettre un ridi-

„ cule, où il n'y en a point; c'eſt
„ ſe gâter le goût, c'eſt corrom-
„ pre ſon jugement & celui des
„ autres : mais le ridicule qui eſt
„ quelque part, il faut l'y voir,
„ l'en tirer avec grace, & d'une
„ maniere qui inſtruiſe.

LE CENSEUR.

Volume „ des Ouvrages ſecs,
abſtraits, „ laiſſent leur Auteur
„ dans l'oubli, & ne ſervent qu'à
„ remplir triſtement un vuide par-
„ mi les Livres *achetez au Volume*
Héros, p. 132.

RÉPONSE.

Surquoi tombe la critique ? j'en
appelle au jugement du Lecteur.
Quoi qu'il en ſoit, dit *Gracien*,
„ dans toutes les profeſſions nobles
„ de la vie, pour oſer ſe promet-
„ tre une approbation générale,
„ il faut conſulter & ſuivre le ſen-

„ timent unanime. La Justice pu-
„ bliquement exercée sans partia-
„ lité & sans délai, immortalise
„ un Magistrat ; comme les lau-
„ riers de Bellone éternisent un
„ Général d'Armée. Un homme
„ de Lettres illustre son nom à ja-
„ mais ; lorsqu'il sçait traiter des
„ sujets interessans, plausibles &
„ accommodez au goût univer-
„ sellement établi : Au lieu que
„ des Ouvrages secs, & abstraits,
„ formez sur le goût d'un très-pe-
„ tit nombre de gens, laissent leur
„ Auteur dans l'oubli ; & ne ser-
„ vent qu'à remplir tristement un
„ vuide parmi des Livres achetez
„ *au Volume* ; c'est-à-dire pour occuper seulement leur place dans
quelque coin de Bibliotheque ;
ainsi que ces Livres qu'on vend
par piles, à la faveur de quelques
autres qui sont bons.

LE CENSEUR.

Pierre. Pour exprimer qu'une

personne fait tout son possible, il est élégant de dire qu'elle met toutes ses pierres en œuvre ; *omnem non movet lapidem.* Certains petits Auteurs infortunez *mettent toutes leurs pierres en œuvre* pour faire connoître qu'ils sont au monde.) *Hom. Univ.*

RÉPONSE.

Toujours de l'invective dans le Censeur, ou de l'ironie ; *Il est élégant* de dire, &c. Oüi, il est aussi élégant qu'il est vrai de dire : Certains petits Auteurs infortunez *mettent toutes leurs pierres en œuvre*, pour faire connoître qu'ils sont au monde. Mettre toutes ses pierres en œuvre, pour dire faire tout son possible, est une expression de M. le Comte de Bussy Rabutin qui sçavoit *assez*, *peut-être*, *un peu* le françois : J'use de ces trois termes pour faire plaisir au Censeur, auquel ils sont si chers, que quand il écrit de génie, il s'en trouve toujours quelqu'un en moins de deux pages. L'*Avertissement* très-court dont j'ai parlé en fait foi : Il faut qu'on se fie *un peu* à notre goût : Ne prévient point *assez*, &c. *assez* favorable, &c. Quelques personnes *assez* versées dans, &c. sont un *peu* surprises, *un peu utile à la République des Lettres*. J'oubliois son Latin : *Omnem non movet lapidem*. C'est un *contresens* : Pour rendre ce proverbe Latin, il met toutes ses pierres en œuvres, il faut dire : *Nullum non movet lapidem*; ou bien, *Omnem movet lapidem*. Voilà ce que c'est que de parler latin devant les gens de *College*, des *Pedans*, des *Leze Moines*, des *Clénards*, & des *Despauteres*. Ce sont quelques-unes des qualifications dont le Censeur veut bien nous honorer. Est-ce-là *ne faire connoître que noblement qu'on se fâche* ?

LE CENSEUR.

Pour faire sentir clairement que les faveurs de la fortune n'ont qu'un temps. ,, La fortune re- ,, prend presque toûjours sur la ,, brieveté du temps l'abondance ,, des biens qu'elle a départis sans ,, mesure. Est-ce-là du jargon? (*Heros*)

RÉPONSE.

1°. On dit faire voir clairement, & non point faire *sentir clairement*. Ces deux termes ne sont pas faits, l'un pour l'autre ; sentir, clairement. 2°. J'applique ici ma régle de critique dont le Pere Bouhours parle dans ses Remarques. ,, L'u- ,, sage d'un mot ne se voit point ,, clairement, à moins qu'on ne ,, sçache ce qui suit & ce qui pré- ,, cede, & comment le mot est ,, enchassé dans le discours. Rapportons donc ce qui précede le

jargon du Censeur. C'est au Chap. du *Heros* intitulé : *Se retirer avant que la fortune se retire.* ,, Mais à
,, quels signes peut-on connoître
,, que l'heure approche de met-
,, tre fin à ses succez avec hon-
,, neur ? Personne encore n'a trou-
,, vé l'art, si je puis m'expliquer
,, ainsi, de tâter le poulx à la for-
,, tune, & de découvrir sûrement
,, son indisposition prochaine à
,, notre égard : elle est si variable
,, qu'on ne sçauroit dire au juste,
,, en quel temps sa bienveillance
,, sera épuisée. Néanmoins il y a
,, dans elle certaines marques par
,, lesquelles on peut soupçonner
,, assez son peu de durée pour ne
,, se plus trop fier à elle, & pour
,, songer à la retraite. Une pros-
,, perité précipitée & suivie de
,, succez rapides est ordinairement
,, suspecte & menace d'un prompt
,, changement : la fortune reprend
,, presque toûjours sur la brieve-
,, té du temps l'abondance des

„ biens qu'elle a départis sans me-
„ sure, *suele la fortuna cercenar del*
„ *tiempo loque accumula del favor.*

LE CENSEUR.

Affairé. Ce terme n'a été jusqu'ici en usage que dans le discours familier, pour exprimer une personne qui a beaucoup d'affaires; mais on l'écrit depuis peu:
„ On a beau les décharger de tout,
„ ils n'en demeureront pas plus
„ tranquilles, & ne s'en montre-
„ ront pas moins affairés. (*Hom. Univ.*)

RÉPONSE.

„ Il nous jette en passant un coup d'œil effaré,
„ Et sans aucune affaire est toûjours affairé.

Ces vers sont-ils d'aujourd'hui? L'oracle du Censeur, le Dictionaire de Trévoux lui apprendra que non : que le terme *affairé* dans le stile soit comique ou satirique, marque un homme qui affecte

fecte d'être furchargé d'affaires, tandis qu'il n'en a point du tout.

LE CENSEUR.

Déeſſe à cent bouches. Expreſſion poëtique qui ſignifie la *Renommée*, & dont le paraphraſte du *Heros* de Gracien ſe ſert toûjours pour traduire *fama* en proſe.

RE'PONSE.

Ce n'eſt pas aſſez que d'avoir une belle hardieſſe il faut encore de la memoire pour ſoutenir le perſonnage que fait le Cenſeur. Quelques pages après avoir relevé l'expreſſion dont il dit que je me ſers toûjours, il tâche de reprendre en moi un terme précedé de ces paroles qu'il rapporte : *La Renommée ſe déclare* : Déclaraſe la Fama. Auſſi n'ai-je effectivement employé qu'une ſeule fois cette expreſſion : La Déeſſe à cent bouches *Fama* : & je laiſſe à décider

d

C. 8. du Heros.

,, si elle est à sa place. ,, Quels sont
,, les Heros veritables dont les
,, noms se trouvent écrits les pre-
,, miers & avec plus de pompe sur
,, la liste de la Déesse à cent bou-
,, ches ? Ce sont sans doute les
,, grands hommes de guerre ; auf-
,, quels l'Heroïsme semble ap-
,, partenir d'une maniere plus pro-
,, pre & comme primitive : tout
,, l'univers en effet retentit de
,, leurs loüanges ; chaque siecle
,, rappelle successivement à la
,, posterité leur triomphante me-
,, moire : l'histoire languit & tom-
,, be des mains au lecteur endor-
,, mi, si le récit de leurs exploits
,, ne la releve : leurs malheurs
,, mêmes sont le fond & l'ame de
,, la poësie la plus sublime. Et
,, d'où vient cela ? c'est que les
,, hauts faits de ces illustres heu-
,, reux ou malheureux dans la
,, guerre sont comme de grands
,, traits dont tous les esprits peu-
,, vent être également frappez,

&c. *Que Principes ocupan los Catalogos de la Fama ? Son los guerreros A ellos se lesdeve en propiedad el renombre de ser Magnos Llenanel mundo de aplauso, los siglos de fama, los libros de proezas, &c.*

LE CENSEUR.

Detresse. Vieux mot très-expressif qu'on vient de rajeunir. *L'attente* avoit un air vénerable auquel chaque jour apporte de l'agrément ; le front ouvert & serein malgré ses *detresses*. (*Hom. Univ.*)

RÉPONSE.

Vieux mot très-expressif qu'on vient de rajeunir, est un vers qui ne se permet point dans la prose. Detresse n'est point un vieux mot, mais un mot qui *viellit*, selon le Dictionaire même du Censeur. Notre langue n'est pas trop riche pour lui retrancher un *mot très-expressif*, qui marque si bien le

d ij

ferrement de cœur, & qui se lit dans tous nos meilleurs Ecrivains. „ A parler en géneral, dit le Pere „ Bouhours, certains mots qui „ ont vieilli se souftrent dans des „ discours serieux, & n'ont pas „ même mauvaise grace.

Le Censeur pour parler Grammaire reprend en moi deux ou trois fois la préposition *A*, au lieu de la préposition *dans* après certains verbes. Nos meilleurs Ecrivains varient ainsi ces mêmes propositions ; Vaugelas, Patru, Pelisson, le Chevalier de Meré &c. Exemples : *Des hommes nourris aux armes. On ne réussit pas à tout géneralement, &c.* Je ne nomme pas pas ici le Pere Bouhours ; parce que je n'ai jamais observé en lui ces variations d'*A* & de *dans*. Le Censeur critique aussi *à toute risque* ; sçavoir *se dissimuler* ; les grands hommes à qui les hauts faits *sont communs* ; *élever en honneur*. La lecture de nos maîtres à quoi l'on

Patr. Peliss. &c.

ne sçauroit trop l'exhorter levera
ses doutes sur ces expressions,
comme sur toutes les autres qui
lui paroissoient des nouveautez,
& dont on lui a fait voir l'usage
depuis si long-temps établi. Il reste encore ces deux mots ; *Frequence* & *Politiquer*. J'avoue que
je n'ai jamais lû *politiquer*; mais
comme je l'avois souvent entendu dire à de fort honnêtes gens,
je me suis imaginé qu'il pouvoit
avoir passé de la conversation dans
les livres, aussi bien que *philosopher*. Je l'ai donc hazardé pour
exprimer la politique vaine de
tant d'hommes oisifs, & inutiles
dans un état. Quant à la *Frequence*;
outre que ce terme a déja été
employé par deux celebres Academiciens, & qu'il épargne un
détour de paroles à notre langue,
il est en usage dans deux arts liberaux : qui sont la Medecine &
la Musique ; on s'en servoit même
autrefois, au lieu de *Multitude* de

foule, &c. Quoi qu'il en soit, c'est du public & du temps que dépend la fortune de ce mot : *la frequence de ses visites m'importune* : *la Frequence de leurs petites phrases précieuses nous affadit*, &c.

Au reste les retranchemens désormais à faire dans la *Brochure* du Censeur, ne doivent pas l'embarrasser beaucoup ; pour les remplacer, la matiere ne lui manquera point sans rien emprunter d'ailleurs, sa *Manufacture de phrases & d'expressions sans privilege*, peut enrichir assez une brochure, pour l'élever au rang *de Dictionaire* dans les formes. Car, c'est une chose & vraie & plaisante que M. l'Abbé des F. s'érige en critique des nouveautez de quelques Auteurs sur la langue, tandis qu'il donne lui-même dans des nouveautez, encore plus singulieres ; qu'il se mêle de reprendre sur la construction, tandis que son stile est communément un tissu de phrases louches, & obscures; qu'il décide hardiment & en maître, tandis que nos modelles pour le François lui sont inconnus au point d'appeller nouveaux, des termes employez par eux il y a plus de soixante & dix ans. Qu'il renonce donc au metier de critique & au metier d'Ecrivain, jusqu'à ce qu'il se soit formé sur nos premiers maîtres dans l'un & dans l'autre genre : ce changement lui seroit glorieux & utile : deux motifs qui ne sçauroient être indifferens à M. l'Abbé des F.

P. S.

On m'apprend actuellement qu'il paroît une nouvelle édition des *Brochures* de M. des F. & qu'il s'y trouve une addition sur mon compte : la voici tirée d'un Ouvrage de pieté, que e mis au jour l'année passée. ,, Une terre qui n'est
,, point cultivée devient bientôt
,, un friche, un champêtre rempli

;, de ronces. C'est une comparaison de mon Auteur Italien, pour confirmer que sans l'exercice des bonnes œuvres, l'ame convertie à Dieu retombe bientôt de cet heureux état, dans tous ses vices représentez par *les ronces*. Que voit ici à reprendre M. l'Abbé ? Je m'étonne qu'il n'ait pas blâmé aussi mon Approbateur, comme il fait M. Censeur Royal. Quoi qu'il en soit, je ne me plains & à lui-même, que de n'avoir lû que l'endroit des dernieres pages qu'il rapporte de moi : il y avoit bien d'autres choses à remarquer qu'une comparaison dans un livre intitulé : *Lectures Chrétiennes sur les obstacles du salut dans toutes les conditions de la vie, & des moyens de les vaincre.*

F I N.

APPROBATION.

Permission du R. P. Provincial de la Compagnie de JESUS.

JE soussigné Visiteur & Vice-Provincial de la Compagnie de Jesus, suivant le pouvoir que j'ai reçu de notre Tres-Reverend Pere General, permets au Pere Joseph de Courbeville, de faire imprimer un Livre intitulé : *Maximes de Baltazar Gracien traduites de l'Espagnol,* lequel a esté vû & approuvé par trois Theologiens de notre Compagnie, en foy de quoy j'ay signé la presente Permission. A Paris ce 17 Novembre 1728.

L. LAGUILLE S. J.

APPROBATION.

J'Ai lû par ordre de Monseigneur le Garde des Sceaux, *Les Maximes de Baltazar Gracien, traduites de l'Espagnol,* avec les *Réponses aux Critiques de l'Homme Universel & du Heros,* & j'ai crû qu'on pouvoit en permettre l'impression. A Paris ce 24 Decembre 1728.

Signé, ROCQUEMONT.

PRIVILEGE DU ROI.

LOUIS PAR LA GRACE DE DIEU ROI DE FRANCE ET DE NAVARRE: A nos amés & féaux Conseillers les Gens tenans nos Cours de Parlement, Maîtres des Requêtes ordinaires de notre Hôtel, Grand-Conseil, Prevôt de Paris, Baillifs, Senéchaux, leurs Lieutenans Civils, & autres nos Justiciers qu'il appartiendra: SALUT. Notre bien-amé JACQUES ROLLIN Fils, Libraire à Paris, Nous ayant fait supplier de lui accorder nos Lettres de Permission pour l'impression d'un Livre qui a pour titre: *Maximes de Baltazar Gracien traduites de l'Espagnol, avec Réponses aux Critiques de l'Homme niverfel*, par le Pere COURBEVILLE Jesuite, offrant pour cet effet de le faire imprimer en bon papier & beaux caracteres, suivant la feuille imprimée & attachée pour modele sous le contre-scel des Presentes. Nous lui avons permis & permettons par ces Presentes, de faire imprimer ledit Livre ci-dessus specifié, en un ou plusieurs volumes, conjointement ou séparément, & autant de fois que bon lui semblera, sur papier & caracteres conformes à ladite feuille imprimée & attachée sous notredit contre-scel ; & de le vendre, faire vendre & débiter par tout notre Roïaume pendant le tems de trois années consécutives, à compter du jour de la date desdites Présentes. Faisons défenses à tous Libraires, Imprimeurs, & autres Personnes, de quelque qualité & condition qu'elles soient, d'en introduire d'impression étrangere dans aucun lieu de notre obéïssance. A la charge que ces Presentes seront enregistrées tout au long sur le Registre de la Communauté des Libraires & Imprimeurs de Paris, dans trois mois de la date d'icelles ; que l'impression de ce Livre sera faite dans notre Roïaume & non ailleurs ; & que l'Impétrant se conformera en tout aux Reglemens de la Librairie, & notamment à celui du dixiéme Avril 1725. Et qu'avant que de l'exposer en vente le Manuscrit ou Imprimé qui aura servi de copie à l'Impression dudit Livre sera remis dans le même état où l'Approbation y aura été donnée, ès mains de notre très-cher & féal Chevalier Garde des Sceaux de France le Sieur CHAUVELIN, & qu'il en sera ensuite remis deux Exemplaires dans notre Bibliotheque publique, un dans celle de notre Château du Louvre, & un dans celle de notredit très-cher & féal Chevalier

Garde des Sceaux de France le Sieur CHAUVELIN: le tout à peine de nullité des Présentes. Du contenu desquelles vous mandons & enjoignons de faire jouir l'Exposant ou ses aïans cause pleinement & paisiblement, sans souffrir qu'il leur soit fait aucun trouble ou empêchement. Voulons qu'à la Copie desdites Présentes qui sera imprimée tout au long au commencement ou à la fin dudit Livre, foi soit ajoutée comme à l'Original. Commandons au premier notre Huissier ou Sergent, de faire pour l'exécution d'icelles tous Actes requis & nécessaires sans demander autre permission, & nonobstant clameur de Haro, Charte Normande, & Lettres à ce contraires : CAR tel est notre plaisir. DONNÉ à Paris, le vingtiéme jour du mois de Janvier, l'an de grace mil sept cent trente, & de notre Regne le quinziéme. Par le Roi en son Conseil,

Signé, SAINSON.

Registré sur le Registre VII. de la Chambre Roïale des Libraires & Imprimeurs de Paris, N°. 495. Fol. 442. conformément aux anciens Reglemens, confirmés par celui du 28. Fevrier 1723. A Paris, le 24. Janvier 1730.

Signé, P. A. LE MERCIER, Syndic.

www.ingramcontent.com/pod-product-compliance
Lightning Source LLC
Chambersburg PA
CBHW071624230426
43669CB00012B/2070